Mudar a mudança:
lições da internet generativa.
Quem propõe mudanças não as deveria gerir!

Pedro Demo

Mudar a mudança:
lições da internet generativa.
Quem propõe mudanças não as deveria gerir!

Av. Vicente Machado, 317. 14º andar
Centro . CEP 80420-010 . Curitiba . PR . Brasil
Fone: (41) 2103-7306
www.editoraintersaberes.com.br
editora@editoraintersaberes.com.br

Conselho editorial
Dr. Ivo José Both (presidente)
Dr.ª Elena Godoy
Dr. Nelson Luís Dias
Dr. Ulf Gregor Baranow

Editor-chefe
Lindsay Azambuja

Editor-assistente
Ariadne Nunes Wenger

Editor de arte
Raphael Bernadelli

Preparação de originais
Monique Gonçalves

Capa
Regiane Rosa

Projeto gráfico
Bruno Palma e Silva

Diagramação
Fabiana Edições

Iconografia
Danielle Scholtz

Imagem da capa
Photostogo

Dados Internacionais de Catalogação na Publicação (CIP)
(Câmara Brasileira do Livro, SP, Brasil)

Demo, Pedro.
　　Mudar a mudança: lições da internet generativa / Pedro Demo.
　　– Curitiba: InterSaberes, 2012.

　　Bibliografia.
　　ISBN 978-85-8212-380-5

　　1. Aprendizagem aberta 2. Conhecimento 3. Inovações tecnológicas
　　4. Internet (Rede de computadores) – Aspectos sociais 5. Internet (Rede de
　　computadores) – Controle e segurança 6. Liberdade – Abuso 7. Mudanças
　　sociais 8. Sistemas generativos 9. Tecnologias da informação 10. Usuários da
　　Internet 11. Usuários da Internet – Comportamento de uso I. Título.

12-09122　　　　　　　　　　　　　　　　　　　　　　　　　CDD-303.4833

Índices para catálogo sistemático:
1. Internet generativa: Desafio da mudança e da aprendizagem aberta,
reconstrutiva, criativa e crítica: Sociologia　　303.4833

Foi feito o depósito legal.

1ª edição, 2012.

Informamos que é de inteira responsabilidade do autor a emissão de conceitos.

Nenhuma parte desta publicação poderá ser reproduzida por qualquer meio
ou forma sem a prévia autorização da Editora InterSaberes.

A violação dos direitos autorais é crime estabelecido na Lei nº 9.610/1998 e
punido pelo art. 184 do Código Penal.

Para Pedrinho e Lulu – muita mudança!

sumário

Introdução, 11

1 Internet generativa e controle, 21
    Tecnologias generativas, 22
    A exemplo da Wikipédia, 32
    Soluções?, 41

2 Mudar a mudança, 53
    Mudar o mundo sem tomar o poder, 56
    Utopias e utopismos, 67
    Dialética histórico-estrutural, 80

3 Conhecimento rebelde e enquadrado, 105
    Novas epistemologias, 109
    Utopias digitais, 121
    Neutralidade engajada, 131
    Rebeldia regulada, 139
    Futuros da utopia, 144

4 Mudar, 155
    Mudar é sempre possível, 158
    Oportunidades, 168
    Acenos (e contradições) virtuais, 180

5 Dinâmicas generativas da aprendizagem
   e do conhecimento, 193
       Conhecimento disruptivo e enquadrado, 196
       Aprendizagem instrucionista e reconstrutiva, 208
       Contradições nossas de cada dia, 214

(In)conclusão, 219

Referências, 225

Sobre o autor, 277

introdução

No final da primeira década do século XX, surgiram esforços de avaliação da trajetória percorrida pelas tecnologias da informação e comunicação (TICs), em especial da internet e do computador. Entre outros, dois movimentos aparentemente contraditórios despontaram no cenário: a *web* 2.0 e sequentes (*web* semântica), marcadas pela participação do usuário como coautor e tendo como uma das expressões mais altissonantes a Wikipédia (Mason; Rennie, 2008; Demo, 2009a) e o recuo da tecnologia generativa em nome de maior controle e segurança, sendo um dos signos o iPhone®, da Apple®, de tecnologia completamente fechada na qual o usuário só pode consumir, sem mudar nada (Zittrain, 2008). Os inventores do computador e da internet, contrariando o "espírito do mercado", preferiram uma tecnologia generativa, de teor aberto na ponta (*end-to-end argument/principle*) (Clark; Blumenthal, 2010; Wikipedia, 2010c; Saltzer; Reed; Clark, 2010), no sentido de permitir ao usuário modificações/experimentações não controladas, no eco do *software* livre. Pretendia-se evitar dispositivos fechados como pacotes prontos em todo o percurso, deixando o usuário como mero consumidor. Internet e computador deveriam ser tecnologias que facultassem a experimentação por parte do usuário, sem controle (Zittrain, 2008; Clark; Blumenthal, 2010).

No entanto, as fronteiras são ambíguas, como sempre. Em qualquer sistema, mesmo que se queira aberto, a liberdade de experimentar é tipicamente circunscrita às propriedades materiais e ao *design* proposto (GNU, 2010). Por exemplo, nos *video games*, tornou-se comum poder mudar regras, mexer em cenários de 3D, customizar procedimentos, mas, é claro, até certo ponto. Esse ponto, em geral, refere-se ao fato de que *video games*, sendo produtos comerciais de propriedade privada, curvam-se, ao final, ao *copyright* (Steinkuehler, 2010). No Second Life*, existem fartas liberdades, mas dentro do espaço oferecido, também porque é produto proprietário. O mesmo ocorre na Wikipédia: todos podem, em princípio, editar, mas sem destruir a plataforma *wiki*. Já no *software* livre, a ideia é experimentar, desde que todo experimento se mantenha aberto a ulteriores experimentações de outrem (Coleman, 2010; Stallman, 2010).

Como diz Galloway (2004, p. 142), ao pesquisar o protocolo da internet, "o princípio fundamental da internet não é liberdade, mas controle"**. Em certa medida, esse autor expressa uma expectativa mais radical, como se liberdade e controle não andassem juntos. A história curta e grandiosa

---

* Ambiente virtual e tridimensional que simula alguns aspectos da vida real e social do ser humano.

** "Está claro para mim que o oposto exato de liberdade – isto é, controle – tem sido o resultado dos últimos quarenta anos dos desenvolvimentos em comunicações em rede. O princípio fundador da *net* é controle, não liberdade. **Controle existiu desde o início**" (Galloway, 2004, p. 142, grifo nosso).

da Wikipédia atesta isso flagrantemente: produziu uma enciclopédia de grande originalidade e utilidade por meio da promoção da edição livre, mas de qualidade bem mais questionável (Lih, 2009); com o tempo, as margens de liberdade recuaram significativamente, em especial por conta do vandalismo, mostrando que liberdade em sociedade, irônica e tipicamente, só funciona quando regulada. Liberdade não seria fazer o que bem se entende, mas o que no grupo é possível e permitido, como documenta fartamente o estudo de O'Neil (2009) *Cyber chiefs: Autonomy and Authority in on Line Tribes* (Chefes cibernéticos: autonomia e autoridade em tribos *on-line*): é iniludível a presença de fundadores e gestores carismáticos que possuem sempre a última palavra. Zittrain (2008, p. 141) afirma enfaticamente: *"Wikipedia is decidedly not a democracy"* ("Wikipédia não é decididamente uma democracia"), em que pese o princípio da edição livre. Talvez a definição sociológica mais realista de liberdade seja aquela em que o controle pode ser controlado, como seria o caso das democracias reais: não se nega a vigência do poder, apenas se pleiteia poder controlado (de baixo para cima). A extinção pura e simples do poder seria um ato tão autoritário quanto a manutenção de poder discricionário ilimitado.

Neste texto, procuraremos algumas lições da internet dita *generativa* (aquela que procura manter seu usuário como participante criativo e crítico), direcionando a discussão para o desafio da mudança e da aprendizagem aberta, reconstrutiva. Levo em conta que a mudança, mesmo quando buscada intencionalmente, em geral admite a configuração de mudança controlada, ao contrário do que parece acontecer na natureza: não tendo controlador, ela favorece mudanças tão abertas que poderiam colocar em risco o próprio sistema (o ser humano teria já evoluído o suficiente para destruir a si e a natureza). O lado conservador da mudança tem correspondente na aprendizagem instrucionista, na qual o estudante, mantido como figura passiva, consumidora, beneficiária, não tem a oportunidade de autoria. Ainda que a natureza, como todo sistema, tenha seus limites próprios, ela alimenta sentidos aparentemente ilimitados de mudança, por ser um sistema complexo e não linear, sem chefe (pelo menos aparente), vive de experimentar e aprender, indefinidamente. Falar de sistema aberto é algo que arrepia os sociólogos. Bastaria lembrar a polêmica entre Luhmann e Habermas: aquele, escudando-se na autopoiese de Maturana, apontava para dinâmicas autorreferentes, enquanto este insistia no fechamento estrutural de todo sistema, a começar pela própria autorreferência (Fuchs, 2008). Esta, porém, ainda que tendo como referência a si mesma, naturalmente, não exclui comunicação nem pressão externa, algo bem anotado por Varela et al. (1997), com a tese da *embodied mind** (mente incorporada). Talvez seja o caso retomar a dialética, como sugere Fuchs (2008) – nas ciências naturais essa retomada foi proposta por Prigogine –, a unidade de contrários abriga validades relativas apenas, não limites drásticos nem liberdades extremas (Prigogine, 1996; Prigogine; Stengers, 1997; Demo, 2002a).

---

* Essa tese sugere que a mente participa de duas dimensões aparentemente diversas, mas tipicamente complementares: corpo (matéria) e pensamento (espírito).

Para a sociologia, persiste a questão: a mudança implicaria não só movimentos **dentro do** sistema, mas **do** próprio sistema (mudança **dentro** ou **do** sistema). Prigogine (1996) admitia isso, entre outros conceitos, como o de **estruturas dissipativas**: submetidas à história, irreversíveis, elas também se dissipariam, não cabendo mais a expectativa de realidades fixas e apenas replicativas, fechadas em leis inamovíveis (De Landa, 1997; Massumi, 2002; Ulanowicz, 2009). De fato, necessitamos de "novas visões da natureza" (Drenthen; Kewartz; Proctor, 2009) que não sejam apenas as vulgares e cientificistas (Andrew, 2009), ambas em geral presas a esquemas transcendentais – entidade divina, nas primeiras, e mão invisível, nas segundas (Moss, 2009). Como sistema, a natureza é tipicamente flexível, cujos limites e liberdades são relativos: seu futuro é tão aberto quanto sua história é irreversível. Dificilmente seria concebível um processo de mudança sem resistência ou sem controle, pois ignoraríamos tramas de poder em que tais processos naturalmente ocorrem (Evans, 2001; Owens, 2004). Mas são possíveis mudanças com controle menos rígido, mais abertas, criativas e, é claro, arriscadas. Enquanto a natureza arrisca tudo em suas mudanças, incluindo sua deterioração/destruição, mudanças sociais persistem, em geral, muito travadas, mesmo quando possuem como móvel mais imediato (não determinista) as tecnologias. Não há apenas uma resistência à mudança. Há, igualmente, o medo de mudar, já que a estabilidade é um valor humano importante. Natureza e sociedade, no entanto, não são sistemas estáveis ou fixos. São dinâmicas dialéticas, unidades de contrário. Por mais que se aprecie a estabilidade (uma "vidinha" boa, sem surpresas!), a estabilidade mais estável e indesejada é a morte. Desse "descanso", em geral, não se faz questão. Mesmo que viver seja arriscado, difícil, complicado, parece melhor que morrer.

O que fazemos aqui, portanto, é um ensaio sobre mudança e aprendizagem aberta, reconstrutiva, criativa e crítica. Trata-se de uma polêmica acirrada, em especial, porque, no fundo, rugem reações por vezes raivosas para frente e para trás, dependendo da ideologia em jogo, sem falar em perspectivas epistemológicas contraditórias em torno do conhecimento vigente e de potencialidades alternativas de produzir conhecimento (exemplo da Wikipédia) (Breck, 2006; Mason; Rennie, 2008; Demo, 2009a). As novas tecnologias apertam o passo, até porque, prisioneiras do mercado liberal, atropelam a sociedade, impondo mudanças nem sempre adequadas (Boltanski; Chiapello, 2005; Schiller, 2000). Como sugere a natureza: mudanças mais profundas são as que provêm de dentro, não impostas de fora, resultantes do próprio movimento autopoiético, disruptivas: dinâmica como constante (Massumi, 2002; Hassan, 2008).

capítulo I

Internet generativa e controle

Neste capítulo, buscamos analisar o que se entende por *internet generativa*, em especial o seu significado em termos de plataforma participativa e os riscos atuais de recuo em favor de ambientes fechados, chamados de *estéreis* por Zittrain (2008). Cabe reconhecer que, mesmo sendo a internet uma maravilha tecnológica, ela está repleta de problemas (*spams*, vandalismos, pornografia/pedofilia, plágio etc.), "um monte crescente e crescentemente perigoso de materiais", segundo Lessig (2008, p. 7). A possibilidade aleatória de experimentação proveniente de fora permitiu processos criativos marcantes, como a *web*, a *instant messaging*, trabalho em rede entre pares, *Skype*, Wikipédia. Mas, por força da penetração de materiais indesejáveis e destrutivos, essa abertura estaria desaparecendo em nome de segurança e estabilidade nas mãos de cães de guarda (*gatekeepers*) que reprimem tudo o que poderia ser novo, disruptivo. Zittrain (2008, p. 10) afirma que a reação mais comum é simplesmente bloquear o ambiente aberto da internet. Ele apresenta como exemplo sintomático duas invenções de Steve Jobs (da Apple®): anteriormente, havia apresentado o Apple II®, de tessitura aberta, generativa; agora aparece com o iPhone®, completamente fechado, o que seria, para Zittrain, o signo dos tempos: da abertura para o fechamento crescente. iPhone® é estéril nesse sentido (um *iBrick* – um tijolo eletrônico), no qual tudo está predefinido, evitando os inconvenientes de tecnologias generativas.

Tecnologias generativas

Tecnologias generativas contam com a contribuição de outrem, deixando as plataformas abertas à experimentação. Estão sendo substituídas por *"sterile appliances tethered to a network of control"*– "aplicações estéreis amarradas a uma rede de controle" (Zittrain, 2008, p. 3). Essas aplicações capturam as inovações disponíveis – também aquelas produzidas gratuitamente por usuários – e as empacotam hermeticamente, impedindo inovações ulteriores e impondo uma concorrência desleal, pelo menos em parte. Nessa concorrência, a balança está pendendo para o lado da segurança e do controle, para benefício de duas partes que aí se encontram alinhadas: de um lado, a produção e comercialização de equipamentos proprietários bem controlados; de outro, o uso tranquilo e seguro por parte de usuários que preferem trabalhar sob proteção regulatória. Aumentam, por isso, a vigilância e o controle, visíveis na proliferação de câmaras de segurança por toda a parte, em particular após o evento estrondoso de 11 de setembro de 2001 (Ito, 2010; Reid, 2010; Tsui, 2010; Gray, 2010).

Por ironia, qualidades tão decantadas na internet generativa estão se tornando sua própria armadilha, ao permitir, junto com a criatividade, a invasão do vandalismo mais atroz. Em vez de procurarmos soluções mais inteligentes no sentido de não exterminar a experimentação amadora e livre, pura e simplesmente, tendemos a impor boicotes completos, indo de um extremo a outro. A capacidade disruptiva da internet é substituída, afoita e mercantilizadamente, por redes que permitem apenas aplicações fechadas (*appliancized network*), incrementando sua regulação (Zittrain, 2008, p. 8). Na prática, porém, não é um movimento novo, pois no início havia essa proposta de aplicações fechadas, a exemplo de Hollerith, no fim do século XIX: instado a processar os dados do censo de 1890 nos Estados Unidos, Hollerith inventou um dispositivo para tanto, do qual se manteve dono, regulador e controlador final. Esse, inicialmente, foi o procedimento de empresas tecnológicas como a IBM, até entenderem que seria mais interessante e lucrativo desempacotar seus produtos: vender por partes, não por pacote fechado.

A capacidade generativa do PC faculta a reprogramação aberta e o câmbio de propósitos, como imaginavam seus primeiros formuladores, em geral pesquisadores acadêmicos que faziam dessa brincadeira um "bico" em sua profissão. Sem muitos recursos financeiros, eles procuravam, mesmo assim, privilegiar suas motivações, as quais não incluíam a pretensão de comercialização e de controle cabal dos usuários. A expectativa girava em torno de uma rede publicamente disponível e livremente compartilhada, cujo *design* poderia ser desenvolvido sob algum consenso e ao estilo do bem comum, dentro do mote momentoso à época: "*We reject kings, presidents, and voting; we believe in: rough consensus and running code*" ("Rejeitamos reis, presidentes e voto; acreditamos em consenso aproximado e código funcionando"). Não se buscava uma proposta fechada ao final, mas, ao contrário, uma proposta aberta à experimentação de quem quer que fosse (também de amadores); não se pretendia, em absoluto, controlar o uso de máquina e programas. Surgia o "princípio da procrastinação e a abordagem da confiança no vizinho" (Zittrain, 2008, p. 31), assumia-se que problemas ulteriores poderiam ser resolvidos depois, na medida do uso, tornando-se fundamental a contribuição dos usuários, bem como o comportamento ético destes. Chamou-se esse procedimento de *end-to-end argument* (argumento fim a fim) (Saltzer; Reed; Clark, 2010; Clark; Blumenthal, 2010): grande parte das configurações deveria ser implementada nos terminais dos PCs por programadores dos pontos finais, em vez de figuras intermediárias, tal modulação permitia aos usuários tomarem conta da rede, ecoando o *design* dos arquitetos originais.

Existe uma estratégia modular no *design* da rede, permitindo que os expertos da rede, tanto *designers* de protocolo quanto fornecedores de Internet *Service Provider* (ISP), (provedores) possam fazer seu trabalho sem se preocupar com *hardware* e *software* (Wikipedia, 2010c). Essa liberdade teria como contrapartida a contribuição de usuários e a perspectiva de aperfeiçoamento ilimitado. Apostava-se também na confiança no usuário, seja em termos de competência mínima para mexer na rede, seja em termos de honestidade, para não impor à rede danos comprometedores. Zittrain oferece dois exemplos da rede generativa: a falta de estrutura da internet para gerir identidade pessoal e a inabilidade para garantir a velocidade de transmissão entre dois pontos. Os idealizadores originais não contavam, porém, com o sucesso tão espetacular da internet: chegando às mãos do "populacho" (Zittrain, 2008, p. 34), proliferaram abusos sem conta, gerando problemas agudos de segurança. No fim da década de 1980, foi criado o primeiro vírus (por Morris, um estudante de 23 anos da Cornell University), atestando a vulnerabilidade da internet generativa.

Segundo Zittrain (2008, p. 43),

> *Sistemas generativos são construídos sobre a noção de que não serão completos plenamente, têm muitos usos ainda a serem concebidos e o público pode merecer confiança para inventar e compartilhar bons usos. Multiplicando as brechas desta confiança, pode ameaçar os próprios fundamentos do sistema generativo.*

De fato, o sistema foi invadido massivamente por vírus, *spams*, pornografia/pedofilia, plágio e apropriações indébitas de materiais, dando motivo ao movimento contrário: bloquear, vigiar e controlar.

Tornava-se, então, clara a ambiguidade da situação: de um lado, prezava-se o princípio da tecnologia generativa, porque ecossistemas de tecnologia da informação funcionam melhor nela, instigando o desfio de ir sempre além do padrão disponível; de outro, ignorando-se os riscos da generatividade, o próprio sucesso tornava-se a maior armadilha. Qualquer um pode conceber novas aplicações na internet; se forem pertinentes, podem ser adotadas, enquanto outras abandonadas. Essa dinâmica seria parte da arquitetura de ampulheta da internet. Há nela um *insight* fundamental do *design*: a rede pode ser tecida em camadas conceituais, cujo número varia conforme a concepção e finalidade. De modo geral, visualizam-se três camadas: na parte inferior está a camada física eletrônica por meio da qual os dados irão fluir; na parte superior está a camada aplicativa, contendo as tarefas que os usuários querem executar; no meio está a camada do protocolo, estabelecendo modos consistentes de fluxo de dados, de sorte que remetente, endereçado e todos os intermediários possam saber as operações básicas para enviar e receber dados*. Essa composição de camadas permite a divisão de trabalho entre pessoas interessadas em aprimorar a internet: experimentadores podem interessar-se por uma camada, sem ter que responder por outras e sem haver controles gerais; "camadas facilitam poliarquias, enquanto as redes proprietárias são hierarquias" (Zittrain, 2008, p. 68). O segundo *insight* refere-se ao formato da ampulheta: os *designers* do protocolo da internet não se empenharam em predizer o que poderia preencher a parte superior ou inferior, deixando isso para os participantes conceberem e executarem. Nada seria armazenado às escondidas. Por exem-

---

* Zittrain (2008) assinala que outras camadas podem ser visualizadas, em especial acima: camada de conteúdo, contendo informação atual entre usuários da rede, e, ainda mais acima, a camada social, na qual novos comportamentos e interações são habilitadas pelas tecnologias subjacentes.

plo: o acesso sem fio à internet poderia ser desenvolvido por outros sem interferir no protocolo. Valia o princípio: devia-se produzir mudança não antecipada pelas contribuições não filtradas de fora ou de longe e das audiências variadas.

Segundo Zittrain (2008, p. 71-73, grifo nosso), podemos distinguir cinco fatores principais da qualidade generativa:

> i) **alavancagem**: *como uma alavanca, pode tornar mais fácil um trabalho difícil;*
> ii) **adaptabilidade**: *facilidade com que o sistema pode ser construído ou modificado para alargar sua gama de usos;*
> iii) **facilidade de maestria**: *domínio desimpedido de manejo da máquina;*
> iv) **acessibilidade**: *possibilidade de acesso irrestrito e não controlado;*
> v) **transferibilidade**: *transferência de mudanças para outros interessados. Mesmo assim, não é o caso de considerar as ferramentas generativas como necessariamente melhores, pois, no fundo, trata-se de alternativas possíveis, dependendo sua preferência das posições e circunstâncias em jogo. É claro que aplicações fechadas podem ser mais fáceis de manejar para usos específicos, podendo ser mais seguras e efetivas.*

Não podemos ignorar que a posição generativa fazia eco a seus "primos" à época:

i) **filosofia do *software* livre**, a qual, segundo Stallman (2010), abriga quatro liberdades: executar o programa, estudar como funciona, mudar e compartilhar os resultados com o público interessado;

ii) **teoria da disponibilização** (*affordance*), que alude ao **caráter** potencializador/disponibilizador de tais tecnologias;

iii) **teorias do bem comum** (*commons*), defensoras do acesso público e livre, levando-se em conta que informação e conhecimento seriam produções coletivas não proprietárias (Benkler; Nissenbaum, 2010; Lerner; Tirole, 2010; Veale, 2010).

A marca mais intensa de sistemas generativos é a **promoção aberta da mudança**. Não haveria por que temer, muito menos controlar as dinâmicas da mudança tecnológica. Sistemas não generativos podem também crescer e evoluir, mas de modo controlado por seus *designers*. A mudança aberta, arriscada e confiante, no entanto, traz consigo um dilema, analisado por Christensen (2003), em sua conhecida obra *The Innovator's Dilemma*. No mundo dos líderes de mercado há, em geral, grande capacidade de adotar certos avanços tecnológicos, menos entre os novos ricos. Essa observação levou Christensen a distinguir entre inovações **sustentadoras** e **disruptivas**.

Quando inovações tecnológicas favorecem a trajetória vigente da empresa, ou seja, quando confirmam êxitos já acumulados e comprovados, aderem-se às inovações como fator de sustentação. No caso, porém, de inovações disruptivas a situação muda por completo, deixando os líderes de mercado para trás. A análise de Christensen é pertinente, pois coloca o dedo numa ferida clássica em ambientes que necessitam da mudança para se desenvolverem. As mudanças preferidas são aquelas que aprimoram o sistema vigente, ou seja, aquelas sob controle. Mudanças disruptivas, aquelas que colocam em xeque o próprio sistema, são evitadas, temidas ou impedidas. Em qualquer instituição aparece esse dilema: por instinto de sobrevivência, agarra-se à trajetória vigente, inserindo apenas mudanças que sustentam esta trajetória. Advindo, porém, novos tempos, nos quais a instituição já não consegue sobreviver adequadamente, emerge a luta surda entre os que querem mudar para permanecer na mesma (no fundo, não mudar) e outros que divisam a necessidade de transformação, mesmo à custa de riscos pouco controláveis. Em certa medida, essa é a disjuntiva entre sistema generativo e não generativo, com todas suas ambiguidades. Mudanças disruptivas são arriscadas, porque não são (não podem ser) controladas. Mudanças sustentadoras, à revelia, também são arriscadas, porque não mudar, em vez de trazer segurança e controle, pode igualmente inviabilizar a instituição. É certamente uma glória a qualidade generativa do PC e da internet, mas, a permanecer como está, incita abusos sem conta e atrai a tentação do bloqueio e do controle indiscriminados. Talvez seja o caso de um meio termo, ainda que no meio não esteja apenas a virtude, mas igualmente a mediocridade.

A mentalidade – se assim se pode dizer – da internet está ligada a manifestações de acesso público e livre, interativo, criativo, que não se acomoda bem a manifestação capitalista proprietário (Lessig, 2010). Essa condição favoreceu, sem dúvida, uma enxurrada de inovações provenientes de usuários externos, à medida que qualquer um, também amadores, pode experimentar com as tecnologias disponíveis de informação e comunicação. Von Hippel (2010), desde o fim da década de 1970, já falava das inovações trazidas de fora por usuários e consumidores, ainda que muitas empresas não se disponham a valorizar, tendo em vista seu tom amador frequente. A análise de Von Hippel abona iniciativas de instituições que manifestam a coragem de ser avaliadas de fora, por gente desconhecida e mesmo não experta (Von Hippel; Von Krogh, 2010; Von Hippel; Jin, 2010). Hoje, essa ideia se tornou mais comum nas empresas mais modernas, sempre interessadas na visão do consumidor (Baldwin; Hier Nekthi; Von Hippel, 2010; Gault; Von Hippel, 2010). A internet generativa nunca temeu a participação externa. Ao contrário, apostou tudo (demais!) na inovação de expertos e amadores que se dispunham a contribuir para as tecnologias.

Essa evolução teria propiciado, na análise conhecida de Benkler (2006), novos formatos produtivos na sociedade, inspirados na contribuição livre e gratuita. Esse novo modo de produção não desloca ou suprime o liberal centralizado e preso ao mercado, mas lhe acrescenta novas dimensões marcadas pela "produção radicalmente descentralizada individual e cooperativa não mercadológica" (Benkler, citado por Zittrain, 2008, p. 91). Ao mesmo tempo, trata-se de produção de bens culturais e serviços, típicos da sociedade, intensiva de conhecimento e informação (Benkler, 2010a, 2010b), aumentando o potencial participativo cultural de cidadãos cooperativos que não aceitam se reduzir a meros consumidores (Barbrook, 2010). Em muitos casos – Wikipédia, por exemplo – há o compromisso declarado de os participantes não permitirem a mercantilização da produção (Lih, 2009), em nome de bens compartilháveis e da emergência da compartilha como uma nova modalidade de produção econômica (Benkler, 2010c; Benkler; Nissenbaum, 2010). Esse tipo de participação pode fomentar a avaliação crítica de materiais e ferramentas culturais. "A prática de produzir cultura nos torna leitores mais sofisticados, observadores e ouvintes, bem como fazedores mais engajados" (Zittrain, 2008, p. 91). Como já aludimos, essa visão tão positiva não é aceita por outros analistas, levando em conta que a internet está sendo paulatina e persistentemente privatizada (Consalvo, 2007; Goldsmith; Wu, 2006; Fabos, 2008; Galloway; Thacker, 2007). A posição de Benkler, entretanto, ilumina com veemência o fato de que a iniciativa privada se apropria de bens comuns para mercantilizá-los, assenhoreando-se de produtos coletivos como conhecimento, arte, cultura, informação (Lessig, 2010). As pessoas, contrariamente ao que prega o mercado liberal, orientam-se também por outras motivações que não seja só lucrar e tirar vantagem individual (Benkler, 2006; Raymond, 1999).

Há de se evitar, sempre, a tentação do determinismo tecnológico, como se a tecnologia fosse inerentemente participativa. Podemos propor plataformas amigáveis, mas a participação é um atributo social, não propriamente tecnológico. Com a mesma tecnologia é possível fazer o contrário: manipular as pessoas, como sugere frontalmente Postman (2000): a ascendência da engenharia e da tecnologia da informação nos tornaria "cordeiros" submissos e mansos. Possivelmente, Postman não leva em conta que tecnologia é também produto e dinâmica social: nos braços do mercado liberal tende a aprimorar os meios de exploração (Santos, 2003), mas não se trata de propensão fatal, como se a máquina fosse armadilha incontornável (Siegel, 2008; Castells, 1998. Kellner, 1989). Na prática, tecnologias generativas não fazem mais que propor plataformas que aliciam mudança e disrupção. Não é o caso supor que toda mudança seja progresso ou "para frente". Toda mudança tem "dono", no sentido de que tende a ser apropriada por alguns em detrimento de outros (Kittur et al., 2010; Couldry; Curran, 2003). Mudar, como dinâmica natural autopoiética, está sempre na ordem do dia, mas não garante necessariamente uma sociedade alternativa, melhor. Essa ambiguidade está na alma da sociedade e suas tecnologias. "O paradoxo da generatividade é que, com abertura à mudança não antecipada, podemos acabar em águas indesejáveis – e não generativas" (Zittrain, 2008, p. 99).

A exemplo da Wikipédia

Um dos exemplos mais contundentes da tecnologia generativa é a Wikipédia, tendo em vista que, em menos de 10 anos, montou uma enciclopédia fantástica (autodenominada *a enciclopédia livre*), com mais de 10 milhões de artigos (nem todos de boa qualidade), mantendo versões próprias na maioria das línguas usadas no mundo, com base na edição livre (*anyone can edit*) (Willinsky, 2010). É uma das expressões mais lídimas das novas epistemologias, em parte decantadas, em parte temidas/detratadas. A Wikipédia mexeu em certos mitos acadêmicos, em particular na hegemonia dos expertos, tidos como referência indiscutível da ciência eurocêntrica, de estruturação metodológica positivista e analítica.

Segundo alguns autores (Lih, 2009), a Wikipédia espargiu um certo desdém pelo conhecimento especializado de maneira inadequada (Nicotext, 2009), já que todo conhecimento aprofundado é naturalmente especializado

(Demo, 2000b), ainda que não devesse ser disciplinar. A contribuição de amadores incorpora um dos maiores charmes da Wikipédia, apesar de o tumulto inevitável da edição livre, facilmente transformada em "guerra de edições" (Baker, 2010; Wikipedia, 2010c). Isso tem um preço: em parte, esse público amador edita o que lhe interessa imediatamente (dão muito maior importância a uma atriz atual do que a Sócrates!), em parte, por falta de especialização, praticam generalidades desinteressantes, em parte ficam bulindo nos textos por bulir ou por vandalismo. Mas não se pode negar que milhares de "autores" surgiram nesse processo, aprenderam certos procedimentos metodológicos (como fazer texto científico), muitos entenderam a importância da autoridade do argumento (em vez do argumento de autoridade) e preferem hoje a cidadania que sabe pensar, ou seja, aquela que sabe argumentar e propor consensos abertos à discussão (Wales, 2010).

No plano epistemológico, o fruto mais altissonante é a consagração da discutibilidade como critério maior de cientificidade (Demo, 1995; 2000a): todo texto da Wikipédia se mantém discutível (editável), não porque seja precário, mas porque é feito para ser discutido abertamente, indefinidamente. Ao contrário do etos científico eurocêntrico modernista (Santos, 2009; Santos; Meneses, 2009), propenso a produzir resultados finais por conta do seu método lógico-experimental, a produção dos wikipedianos (Bryant; Forte; Bruckman, 2010) não tem qualquer pretensão cabal, porque concebe a lide científica como espaço aberto, no qual o questionamento sistemático é mais fundamental do que são os resultados. Estes são provisórios, aquele, constante. Nem por isso cabe desprestigiar o método científico e que continua a preocupação importante na Wikipédia: na edição livre há regras (crescentes) para editar de maneira minimamente adequada, sem falar que, permanecendo todo o texto aberto ao escrutínio ulterior, só fica de pé o que detém alguma argumentação e um certo rigor acadêmico.

A Wikipédia descobriu e realizou um dos pressupostos mais pertinentes do pós-modernismo: a ciência é um discurso bem fundamentado; seu fundamento, porém, não tem fundo (Demo, 2008a), no sentido de que não se fecha jamais. Argumento que não pode ser contra-argumentado nunca foi argumento. Facilmente vemos nisso uma fragilidade excessiva, por conta de expectativas universalistas do método científico centrado em procedimentos formais. Na prática, é um resquício religioso, um vício metodológico de posturas transcendentais (Feyerabend, 1977; Salomon, 2000; Poerksen, 2004). A Wikipédia fez da incerteza sua certeza (Demo, 2000a; Poerksen, 2004), construindo o tipo de esfera pública habermasiana na qual é possível armar propostas tão bem fundamentadas quanto abertas ao debate indefinidamente. Mostrou que o conhecimento não é pacote fechado, concluído, mas uma dinâmica que tem como alma questionamento e autoquestionamento. Ao lado da crítica – exercida facilmente na edição livre por parte de quem interfere no texto disponível – aparece, inapelavelmente, a autocrítica, porque a coerência da crítica está na autocrítica (desde Sócrates, pelo menos) (Carroll, 2010).

O desafio metodológico da discutibilidade – ambíguo, certamente – desvela que o rigor científico se torna tanto mais premente, à revelia de expectativas ligeiras, por vezes ditas pós-modernas, do vale-tudo. O reconhecimento de validades apenas relativas, em vez de acabar com a validade, tornou-a realista, porque é aquela própria da sociedade e da natureza. Na sociedade e na natureza nada tem valor absoluto, pois dinâmicas históricas não admitem conotações completas e finais em nome da própria evolução. Não são dinâmicas terminadas, fixas, inamovíveis. Estão em andamento, ainda que sem rumo prefixado (Wright, 2000). O lado formalizante do método científico induz ao equívoco comum de pretensões universais, ignorando que a ciência é um projeto eurocêntrico, também datado e localizado. Esse reconhecimento não desfaz a solidez científica de resultados monumentais, muito menos a qualidade das formalizações metodológicas, tão visíveis, por exemplo, nas tecnologias geradas em laboratório. Apenas aponta seu caráter também multi ou intercultural (Harding, 1998, 2008). Na tradição religiosa, a validade ou é absoluta ou nenhuma. Essa rigidez dicotômica está, hoje, fora de lugar (Kosko, 1999). A evidência empírica das validades relativas somos nós mesmos, em pessoa: todos temos prazo de validade... A natureza, igualmente, é dinâmica histórica e passageira, por mais que se possam divisar nela formas universais de estilo lógico em códigos, leis, regularidades. A **existência**, porém, é sempre algo datado e localizado.

Textos discutíveis podem ser discutíveis no sentido de serem tão malfeitos que não valem nada; mas podem ser tão benfeitos que **merecem** ser discutidos. Essa é a expectativa da Wikipédia, mesmo quando se trata de textos feitos por amadores. Esse amadorismo é muito criticado, em parte com razão (Keen, 2007; Bauerlein, 2008; Coates, 2010). De fato, pode recriar um "sábio universal" pior que os acadêmicos fanaticamente modernistas (Lastowka; Hunter, 2010). Estes, pelo menos, dispõem de habilidades metodológicas, por vezes virtuosas, aqueles se metem em tudo sem saber nada. Mas existe o outro lado da modéstia do aprendiz, do eterno aprendiz, que está na base da cidadania que sabe pensar: quem não sabe pensar, acredita no que pensa; quem sabe pensar, questiona o que pensa. Esse gesto tem sido mais fácil de se encontrar em amadores do que em acadêmicos sobranceiros que facilmente entendem método como camisa de força e prepotência, em parte porque seu domínio exige enorme dedicação e persistência. Não se trata de desprestigiar. Ao contrário. Trata-se de reconhecer seus limites naturais em seres limitados. Um dos resultados mais pertinentes do experimento agitado da Wikipédia é a desconstrução da academia tradicional modernista: ensimesmada, prepotente, isolada, desatualizada, que tenta manter uma postura universalizante, à revelia das condições flagrantemente relativas. Mais vale a qualidade do texto do que títulos e formalidades. Sim, todos podem editar, ainda que sob riscos ostensivos (Lih, 2010).

Não vale, porém, apenas decantar a Wikipédia, pois ela revela, na outra face, um punhado de problemas candentes e contraditórios (Wikipedia, 2010c. Wikipedia, 2010a). Podemos começar com o reconhecimento de que não é uma plataforma tão aberta assim (hoje está repleta de regras que podem até mesmo estabilizar textos, tornando-os não mais editáveis), sem falar que a plataforma wiki é mantida intocável por seus cães de guarda. Com o tempo, foi se formando uma burocracia para gerir o experimento, tendo à frente Wales com a palavra final, de onde se extrai o dito: *"Wikipedia is decidedly not a democracy"* (A Wikipédia não é decididamente uma democracia) (O'Neil, 2009, p. 1). A promessa de liberdade e democracia é arremedo, em parte, pelo menos, não só porque há hierarquia crescente e interferente (a começar pelo líder carismático incontestável), mas principalmente porque liberdade à solta tende a ser improdutiva (Mehgan, 2010). A Wikipédia teve de engolir que a liberdade, para ser socialmente útil, precisa de regulação. Na tradição dos *hackers*, não se aceitam reis e presidentes, mas igualmente voto. O domínio do código é o mais importante, algo reservado ao grupo fortemente seleto, o que recoloca, por outra via, a importância do experto. Segundo consta na academia, não vale o voto, mas o mérito. Atrás do mérito, porém, está o argumento de autoridade, o qual sempre reaparece, porque a ciência é feita em sociedade, não por seres desencarnados.

A participação de todos é sempre bem-vinda, também porque se produziu muito, mas assoma como produção duvidosa. Uma das glórias (vingança, para muitos) da Wikipédia foi ter sido reconhecida pela revista *Nature* como enciclopédia exitosa (nota 5 para a Britânica, nota 4 para a Wikipédia) (Giles, 2010; Encyclopedia Britannica, 2010; Stvilia et al., 2010), com a vantagem visível de que a Britânica se atualiza devagar e custosamente, enquanto a Wikipédia está sempre atualizada... É verdade que a *Nature* analisou textos das ciências naturais, em geral produzidos por expertos, enquanto existem, ao lado desses, incontáveis textos muito preliminares e dispersos (Nature's, 2010). Eis uma ambiguidade própria da Wikipédia: produções interessantes, criativas, críticas, sempre abertas, coletivas, mas de qualidade duvidosa e conturbada. A participação coletiva, quanto mais numerosa menos favorece a qualidade metodológica, cujo signo seria mérito (por mais que este seja questionável, sempre), não democracia. O princípio *"smart mob"* (Rheingold, 2002), ou *"wisdom of the crowd"* (sabedoria da multidão) (Kittur et al., 2010; Surowiecki, 2004; Wales, 2010), tem sido muito celebrado, espelhando-se em fenômenos naturais (biológicos sobretudo) emergentes, a exemplo de formigas e abelhas: quando reunidas em bandos expressivos, tornam-se capazes de cumprir tarefas incrivelmente complexas e aparentemente inteligentes (Poe, 2010). Postula-se, então, que contribuições em multidão, como é o caso da Wikipédia, teriam esse mesmo resultado (quantidade transformada, dialeticamente, em qualidade) (Baker, 2010; Pierroux et al., 2010; Ebersbach et al., 2006).

Essa discussão não está resolvida (Lanier, 2010). A própria insistência dos responsáveis pela Wikipédia em procedimentos metodológicos acurados, testáveis e controláveis indica que o simples conglomerado de editores não garante necessariamente qualidade (Mader, 2007; 2010a; Ayers; Matthews; Yates, 2007). Talvez tenhamos de rever o preconceito contra participação popular (amadora), em geral vista como próxima da mediocridade, bem como o apego excessivo à especialização (Lih, 2010). Mas, até o momento, parece persistir a confiança maior no conhecimento aprofundado (especializado), ainda que sempre discutível. Mesmo assim, ficou a lição da cooperação em grande número, cada vez mais valorizada em educação também como uma das habilidades do século XXI. A Wikipédia é resultado, pelo menos em grande parte, de pesquisa e de elaboração próprias (Willinsky, 2010), o que mostra uma internet que não serve apenas ao plágio (Lancaster; Culwin, 2010; Bryant et al., 2005; Leuf; Cunningham, 2001)*. No entanto, esse site apresenta surpreendentes proporções de vandalismo, desvelando um horizonte complexo e complicado marcado pelo preço da liberdade: **seu abuso**. É constante a guerra de edições, traindo a preferência pela autoridade do argumento. Por mais que se prezem rigor científico e discussão aberta, o argumento de autoridade ressurge por todos os lados, simplesmente porque conhecimento é dinâmica produzida socialmente.

Ademais, há uma ordem escondida na Wikipédia (Viegas et al., 2010), bem como hierarquias cada vez mais formais e rígidas, contradizendo, em parte pelo menos, a expectativa da autoridade por mérito, um problema também no mundo dos *hackers* (Cult of the dead cow, 2010): a par da *expertise* meritória, há também muito argumento de autoridade (Exploring Wikis On-Line, 2010. O'Neil, 2009). Tudo

---

* Algumas indicações do uso da wiki e Wikipédia em educação: Kirpratick, 2010; Mader, 2010a; Notari, 2010; Schaffert, 2010; Second Life Education Wiki, 2010; Duffy; Bruns, 2010; Exploring Wikis On-Line, 2010; Warlick, 2007; Davies, 2010; Augar; Raitman; Zhou, 2010; Bold, 2010; Bruns; Humphreys, 2010; Vaughan, 2010; Feris; Wilder, 2010.

isso não apaga o brilho da Wikipédia, um dos fenômenos mais esplendorosos do começo deste século. No mínimo democratizou o conhecimento, inclusive modos de construí--lo. Tornou a aprendizagem científica algo acessível a todos e fez do conhecimento científico aquilo que Santos (1995) uma vez dizia: senso comum. É por isso o exemplo talvez mais contundente da internet generativa. Zittrain (2008) comenta a experiência europeia de ruas sem sinais e seus resultados estupendos: ocorreu uma dramática melhoria na segurança veicular, possivelmente porque, sem regras fixas, as pessoas agem de maneira mais cuidadosa. "Quanto mais somos regulados, tanto mais escolhemos nos ater só e exatamente à regulação ou, mais precisamente, ao que podemos ter de vantagem quando a regulação não é perfeitamente aplicada" (Zithain, 2008, p. 128). Assim se esperava na Wikipédia: podendo todos editar livremente, cada editor teria em mente que a mesma liberdade faz parte do outro. Andando na rua de carro sem regras fixas, tomamos cuidado maior, não só porque podemos nos machucar, como também podemos machucar os outros, aparentemente em contexto de reciprocidade comportamental. Ao mesmo tempo, esvazia-se o compromisso com *acceptable thought* (pensamento aceitável), emergindo o desafio de suportar ser confrontado em suas ideias, convivendo com dissensos civilizados. Saber ceder é parte da argumentação benfeita.

Como o preço da liberdade é o seu abuso, impõem-se normas recíprocas. Dialeticamente falando, reciprocidade é dinâmica complexa, em parte sempre contraditória. Criatividade supõe vulnerabilidade, pois sem risco não se cria nada. A Wikipédia é, em parte, vítima de seu próprio sucesso, tendo de se acomodar à dialética da sociedade: liberdade, para ser exercida socialmente, carece de regulação formal ou informal. "Todos podem editar" é um *slogan* formidável, mas, na prática, não decorre disso que se possa editar de qualquer jeito. As tecnologias generativas também são vítimas de seu próprio sucesso, à medida que deram mais importância à criatividade do que à regulação. A segurança é medíocre, mas agradável. A mudança disruptiva é profunda, mas em geral dolorosa. Dificilmente é viável contentar a todos.

Soluções?

Existe sempre a tentação de buscar **soluções** para tais dilemas, em geral dentro do espírito modernista de propensão linear. Na visão dialética, no entanto, a complexidade ambígua e não linear é parte da dinâmica da natureza e da sociedade. Não há liberdade sem risco, como não há vida sem morte. A reciprocidade de cariz dialético implica gama infinita de potencialidades, entre os extremos irrealistas do entendimento completamente desimpedido e do desentendimento fatal. Resolver essa ambiguidade não é factível, porquanto seria parte da condição natural e social, já que, ao final, não é possível uma sociedade que não seja histórica, incompleta, dinâmica. Nesse sentido, o ser humano não tem solução, a não ser em perspectiva religiosa. A realidade manifesta planos lineares também, que são os preferidos do método científico, porque são mais facilmente formalizáveis e neles se propalaram as tecnologias de impacto profundo

(Demo, 2002a). Toda dinâmica admite níveis de padronização formalizada, sendo o tipo mais comum hoje a digitalização: no enquadramento digital há apenas forma e que, por isso*, pode pretender exatidão, por mais que nenhum código seja à prova de falhas até ao fim. Os *hackers* que o digam! Uma Wikipédia sem problemas não existe, tanto se valorizarmos acima de tudo a criatividade da edição livre quanto se a fecharmos em pacotes inamovíveis. Tecnologias também são ambíguas, em particular em seus usos e encaixes sociais, mas igualmente em sua constituição formal. Toda tecnologia, se, de um lado, resolve problemas, de outro, causa transtornos em alguma parte, como acontece com alguns medicamentos. Por isso mesmo, a noção de problema precisa ser revista (Ulanowicz, 2009): toda dinâmica dialética apresenta uma tessitura problemática, própria da unidade de contrários (Morin, 2002), tornando-se impróprio imaginar uma solução (Bateson, 2002).

Será, pois, o caso procurar compor os extremos, exercitando espaços intermediários que abriguem as virtudes pretendidas e se evitem os malefícios vigentes. Como não se pode ter tudo na vida, é preciso saber ceder. "Precisamos de estratégia que abrande os piores aspectos da internet e PC generativos populares de hoje, sem matar a abertura dessas plataformas à inovação" (Zittrain, 2008, p. 149). Mesmo que haja soluções mais propriamente tecnológicas (plataformas mais bem elaboradas, *softwares* mais cuidadosos, *hardwares*

---

* Alguns chamam, em sociologia, de *salvacionismo* a busca de redenção da sociedade (Demo, 2009b).

mais qualificados etc.), imagina-se que a melhor saída ainda seja o compromisso comunitário, já que o problema não está na tecnologia em si, mas no seu entorno social. Disso não segue que tecnologia seja apenas neutra, pois é muito mais que isso na natureza e na sociedade, a exemplo das novas tecnologias, que são igualmente alfabetização (Demo, 2009a). A Wikipédia poderia se firmar melhor se grande parte de seus editores e usuários se unisse para preservar sua abertura, tornando o vandalismo residual. Não há uma fórmula pronta, como não há consenso final, mas é viável imaginar que os próprios interessados cuidem do que lhes interessa.

É fundamental evitar o extremo oposto, ou seja, o bloqueio puro e simples das tecnologias generativas, porque isso destruiria um dos patrimônios mais formidáveis dos últimos tempos, sem falar que a política do tudo ou nada não cabe dialeticamente falando (Kosko, 1999; Barber. 2010). A internet generativa precisa ceder em termos de aumentar a estabilidade e a segurança, aceitando algumas restrições à liberdade excessiva. Zittrain propõe conceber um computador com dois ambientes, um mais e um menos fechado, intercomunicáveis e separáveis. Num deles poderíamos arquitetar ambientes estáveis e seguros, estéreis em termos de criatividade e experimentação. No outro, poderíamos continuar com o formato vigente, tendo, porém, ao lado um contraponto permutável e avaliativo. Segue que teríamos de engolir modos de regulação e controle, prospectos contínuos de avaliação, algum rastreamento de fluxos. Zittrain chega a abonar a noção de *spyware* (*software* espião), mas em sentido oposto: em vez de artefato escuso, safado, disciplinar, uma iniciativa com conhecimento de causa e aceita em nome do bem comum. Há muitas iniciativas nessa direção, como *StopBadware* e *Herdict*. O primeiro é o programa de monitoramento de fluxos negativos/destrutivos destinado a eliminá-los ou pelo menos domá-los sumariamente. A aplicação indiscriminada corre o risco de devastação pelo avesso. O segundo é pequena peça de *software* que reúne signos vitais dos fluxos e os ordena num painel avaliativo, permitindo tomar iniciativa e monitorar o ambiente.

Em certo sentido, no contexto da internet generativa, já se esgotaram as iniciativas para cessar com os abusos e vandalismos. Isso implica reconhecer que é inevitável mexer no formato generativo como tal, adaptando-o, em graus maiores ou menores, às expectativas de segurança e regulação. A solução, porém, não é tecnologia fechada, empacotada, comercializada a ferro e fogo, não só porque esse fechamento nunca seria completo, mas principalmente porque não há razão para jogarmos fora o patrimônio da generatividade. No embate de ideologias, a do controle rígido dos fluxos é sempre menos atraente que seu contrário, ainda que ambos os lados sejam extremados. Em todo caso, se quisermos manter o espírito criativo, este não floresce em ambientes fechados. "*Keep the internet free*" ("Mantenha livre a internet") persiste como lema preferencial, mesmo que tenhamos de rever a "neutralidade fim a fim": evitando censura, torna-se, porém, indispensável certo controle. A liberdade de expressão não poderia encobrir abusos como pornografia/pedofilia e demais vandalismos. Resta o apelo aos *"netizens"* (cidadãos da net), o que parece ser uma garantia mais confiável, por mais que seja naturalmente tão frágil. A segurança nunca será completa e depende, em parte, da engenhosidade de expertos em código capazes de, alargando o espectro participativo, evitar abusos mais intoleráveis. A exemplo da Wikipédia, abusos são mais convenientemente confrontados socialmente do que tecnologicamente, ou seja, é preciso elevar os níveis de responsabilização dos usuários e produtores.

Existe um problema candente em torno da privacidade, em geral prezada como se fosse um bem intocável. Muitos analistas creem que os mundos virtuais exploram excessivamente a privacidade das pessoas, em especial de jovens e adolescentes, talvez por estes se exporem mais ingenuamente (Tapscott, 2009; Durhan, 2008). As coisas chegaram a um ponto em que todos nos tornamos políticos (Zittrain, 2008, p. 213), após tantos deslizes e explorações da privacidade, em particular de celebridades (*welebrities* – celebridades na *web*). É um risco desmesurado expor-se candidamente na internet, como é falar na TV o que vem à cabeça. A imprensa, em parte, vive de escândalos que se tornam tanto mais acessíveis e exponenciais na internet. Mormente crianças devem ser terminantemente preservadas (Setzer, 2010). Programas de *advertising* para crianças desvelam o quanto o sistema liberal consumista pode ser perverso em manipular desejos e expectativas. Certamente, internet e computador podem significar grandes oportunidades para crianças, a começar pelas novas alfabetizações (Coiro et al., 2008; Demo,

2009a; Livinsgstone; Bober, 2010; Dreher, 2010), bem como riscos evidentes (Harding, 2008; Mitra; Rana, 2010; Virtual Library, 2008). Essa ambiguidade ressurge em casa, quando os pais, preocupados com o acesso dos filhos pequenos à internet, tentam impor limites: deixados à solta correm grandes riscos; controlados em excesso, tais riscos podem se tornar ainda mais severos (Koskela, 2010).

Em 2005, Negroponte lançou o programa *One Laptop Per Child* (OLPC), chamado de XO. Fazia-se a promessa de 100 milhões de computadores a US$ 100 cada para crianças do mundo em desenvolvimento, em nome da superação da *digital divide* (marginalização digital) (Zittrain, 2008). Não era projeto de *laptop*, mas de educação, ou seja, a oferta de equipamentos generativos voltados para a aprendizagem mais efetiva e atualizada. A inspiração provinha do construtivismo à la Papert (1994) e por isso postava-se frontalmente contra o instrucionismo. O acesso ao computador e à internet tem como razão de ser ampliar a oportunidade de aprender com autoria, em particular facultar contextos de problematização próxima da vida dos alunos e a busca autônoma de soluções (Catley, 2010; Conole et al., 2010). Para tanto, a máquina precisa ser generativa, para que as crianças possam reprogramar, refazer e reinventar configurações, pesquisar e elaborar, apostando na iniciativa própria. Algumas crianças poderão evoluir para o domínio sofisticado da máquina, indo muito além do aproveitamento escolar. Tipicamente, adota o princípio da procrastinação: futuros problemas serão enfrentados no futuro. Com isso, surge logo um problema, motivado pela falta de compromisso com resultados e avaliação: aposta-se muito mais na motivação da criança de querer aprender. É bem possível que tamanha liberdade se configure como perda de tempo: as crianças se divertem, mas não aprendem. Neste sentido, contrariando Negroponte, em vez de ser um programa educacional, é tecnológico, ao cuidar muito mais da máquina e de possíveis experimentações do que da aprendizagem dos alunos.

Prevê-se que cada criança tenha sua máquina, também para poder ficar com ela e a transportar (sua arquitetura aguenta fortes impactos e não quebra). Seu teclado é desenhado para dedos de criança, o que dificultaria o uso dos adultos (não valeria a pena um adulto roubar). A tela pode ser visualizada à luz solar e a bateria pode ser recarregada até mesmo com manivela. Ainda mais atraente é que as máquinas formam automaticamente redes mescladas entre si, de sorte que os alunos podem compartilhar programas e dados ou conectar-se a um repositório de dados na escola sem passar por provedor. Uma aplicação interconectada é o *Tam Tam*, o qual permite ao aluno usar a máquina para gerar música e percussão de sorte que máquinas contíguas possam coordenar-se à "orquestra", inventando e executando expressões sonoras. O construtivismo conta com a curiosidade da criança e com a paixão intelectual de alunos autônomos e experimentadores, como se supõe na internet generativa. Preocupa-se menos com conteúdo e mais com a habilidade de transformar conteúdo com autonomia.

De acordo com Zittrain (2008, p. 238):

> *Há um ato de fé que a máquina, dada inteiramente à custódia da criança 24 horas por dia, não será logo perdida,*

roubada ou quebrada. Ao contrário, prevê-se que as crianças vão tratar tais equipamentos como paixões caras, sendo que algumas dentre elas chegarão a programar, conceber e a compartilhar novas aplicações que, por sua vez, irão suportar novos tipos de conteúdo e interação que podem não ter sido inventadas nos países desenvolvidos.

O público-alvo é a escola pública, evitando-se a apropriação privada. Bom demais para ser verdade...

A ambiguidade do projeto aparece na combinação praticamente inevitável entre fundamentos generativos e aplicações amarradas. Obviamente, não se pode expor os alunos aos riscos da internet livre, nem é o caso permitir que suas máquinas se infectem de todas as porcarias que são enviadas irresponsavelmente via *e-mail*. Portanto, certo controle é indispensável. A criatividade que se espera dos alunos é circunstanciada a um ambiente pedagógica e tecnologicamente protegido no interior do projeto. Está prevista uma chave de desligamento das máquinas para caso de roubo (desde que ligadas à internet), o que já indica possibilidade de controle remoto, ou seja, uma aplicação tipicamente fechada, amarrada (*tethered*). Isso não acaba com o charme da ideia, mas repõe o velho chavão: liberdade só é socialmente produtiva se for socialmente regulada, tanto mais no caso de crianças que precisam ser protegidas. Retomando a distinção de Christensen (2003), mudanças disruptivas estariam fora de cogitação, por mais que o projeto seja, nele mesmo, muito disruptivo. A Wikipédia pleiteia uma liberdade que seja apenas honesta, colhendo, porém, abusos de toda sorte. "É o enigma de empoderar as pessoas para compartilhar e permutar estórias, fotos e recomendações sem perder suas identidades, à medida que se tornam não apenas criadores de questionamento e julgamento distribuído, mas igualmente seus sujeitos" (Zittrain, 2008, p. 241). Na prática, pedagogos histórico-críticos e os outros dão a mesma aula, contentam-se em repassar conteúdos curriculares, praticam a mesma progressão automática, seguem a teoria inepta dos ciclos, não se comprometem com a aprendizagem dos alunos. A escola leva a fama de crítica, digerindo elegantemente o discurso, enquanto mantém a prática inversa, na qual todos se abraçam.

Na concepção original do XO, existe o empenho em superar as mazelas tradicionais do instrucionismo, não permitindo que novas tecnologias sejam usadas para aprimorar o atraso, Segundo Zittrain (2008, p. 244), é a "regurgitação e sumarização de conteúdos por parte de uma fonte oracular, seguindo avaliação impessoal dentro de uma câmara conceitual como eco reprodutivo". Imagina-se aliciar os alunos a aceitarem o desafio participativo de cunho autoral (Kim, 2001; Notari, 2010; Sade, 2010). As imperfeições dessa estruturação acabam vistas como oportunidades no sentido de abrirem chances de experimentação e aperfeiçoamento crescente da proposta, tanto em termos tecnológicos quanto programáticos. Aos estudantes se oferecem desafios que lhes interessam, para que, com devida motivação, aprendam a ler com olho crítico as fontes, interferindo nelas e impondo elaborações próprias. Em vez da aula repetitiva – sem autoria – baseada no monólogo do professor, arquitetam-se ambientes participativos, coletivos, nos quais os alunos ensaiam sua própria autoria. Essa mazela é ainda marcante nas escolas pelo mundo afora, deixando milhões de estudantes livres das habilidades requeridas hoje. É claro que isso só é possível se os professores aceitarem o desafio pedagógico e tecnológico (Demo, 2009a).

capítulo II

Mudar a mudança

Em análise corajosa e pioneira, Plant (1999), discutindo a mulher digital, alega que mudaram a mudança, ou a revolução foi revolucionada, assinalando que passou a era das mudanças controladas de pendor modernista. O próprio espírito científico modernista sempre manteve a pretensão de organizar a mudança, imaginando ter nas mãos um dos expedientes mais eficazes para tanto: conhecimento científico. Não se deram conta de que mudança organizada e controlada não é mudança em profundidade, tal qual é sem sentido postular revolução gerenciada (Souza, 2004). Plant modula a sugestão de que as mulheres estariam mais bem preparadas para mudanças disruptivas, enquanto os homens – que caricatura como "homens das cavernas" (Plant, 1999, p. 163) – mantêm a pretensão de regulação das relações sociais e familiares. Ao fundo, está a percepção de que promotores da mudança facilmente camuflam a expectativa de preservar a mudança sob controle. Mudar não seria ultrapassar limiares, postar-se no outro lado e deixar para trás a situação anterior, mas atrelar o outro lado ao lado tradicional. Em geral, celebram-se mudanças controladas, mas o golpe nessa pretensão é encobrir o dono da mudança. Exemplo claro é dado por Amsden (2009) em sua discussão sobre a ascensão do resto (países emergentes) com respeito ao livre comércio. É insistente o refrão dos países desenvolvidos centrais sobre a necessidade de abertura irrestrita ao comércio, seguindo aí a ideologia neoliberal ortodoxa. Essa invectiva é principalmente lançada sobre países emergentes. Na prática, trata-se de golpe baixo dos países avançados, pois eles são os primeiros a se protegerem, por vezes deslavadamente. Assim se expressa Amsden (2009, p. 327): "Se o livre comércio tem tanto para recomendá-lo, por que seus adeptos são tão poucos?".

São, em geral, suspeitos os promotores de mudança, porque tendem a fomentar evoluções favoráveis aos seus próprios objetivos. Esse reconhecimento tem suscitado a ideia de que quem propõe mudanças não as deveria gerir. Gestores de mudança propendem, naturalmente, a direcioná-las, resguardá-las, cercá-las. Ora, mudança direcionada, resguardada, cercada não muda propriamente, pois muda só o que se permite. Mudança mais profunda ultrapassa a regulação vigente, introduzindo, pela via da desregulação, novos horizontes. Esses só são possíveis se houver um mínimo de desregulação. Do ponto de vista teórico, tomando a realidade como complexa e não linear, regulação completa é impraticável, do que segue que mudança sempre está na ordem do dia. Essa visão transforma radicalmente nossa percepção de identidade: em vez de tomar identidade como mesmice, vislumbra-se que, para algo se manter idêntico, necessita mudar. Se mudança atinge qualquer identidade, obrigando-a a evoluir, também é condição fundamental para se permanecer idêntica. Só permanece o que muda. Não há chance de permanência fixa, porque a marca fundamental da realidade é dinâmica, não estática (Massumi, 2002; Fuchs, 2008).

A mudança prospera contra seus gestores (Surman; Reilly, 2010). Quando um gestor promete mudança, em geral esconde que vai fomentar a mudança que lhe apraz ou da qual está a serviço, de preferência mudando para não sair do lugar. Qualquer gestão inteligente não coage a mudança, porque sabe que apenas manter a instituição significa apostar em sua desatualização e decadência. Por isso, sua perspectiva de mudança é daquela que **sustenta** a instituição, não aquela que a ultrapassa (Christensen, 2003). Mas, como não há instituição sem gestores, as mudanças precisam também de alento externo, por parte de quem não é gestor, ou seja, dos críticos. Essa divisão de trabalho é elucidativa: primeiro, críticos que chegam ao poder e passam a gerir as mudanças apregoadas antes, tendem a não mudar mais, ou, no máximo, a admitir mudanças que interessam, sem falar que, muitas vezes, críticos podem ser maus gestores; segundo, gestor inteligente não abafa a crítica, ao contrário, aprende dela, porque aprender dela significa também digerir a crítica na instituição, como bem faz o capitalismo de hoje, segundo Boltanski e Chiapello (2005). Digerir a crítica é mais inteligente e efetivo do que contrapor-se simplesmente, já que nas críticas pode haver acerto e chance. Pode ocorrer, por exemplo, com a teoria histórico-crítica na escola: em vez de provocar escarcéu encarando-a de frente, digere-se o discurso, desde que não atinja a prática (Darder; Boltodano; Torres, 2009; Demo, 2010b).

Neste capítulo, proponho-me a analisar o desafio da mudança do ponto de vista dialético que, mesmo considerando-o mais interessante, é apenas um entre outros. Faço aqui um ensaio preliminar hipotético.

Mudar o mundo sem tomar o poder

Parto da obra de Holloway (2003) sobre mudar o mundo sem tomar o poder por ser provocação surpreendente e criativa, ainda que inconclusa. Essa obra pretende, entre outras guinadas, repensar o poder, ao sugerir que seria possível mudar a sociedade sem apoderar-se das posições de comando. De certa forma, contraria a noção comum de empoderamento (*empowerment*) dos cidadãos (Lee, 2001; Vasconcelos, 2003; Azad, 1986), sob a alegação velada de que meter-se no poder é chafurdar-se em tramoias inconfessáveis. Por isso, reinterpreta uma das teses básicas do marxismo, a ditadura do proletariado: como sugere Gorender (1999), o proletariado não seria classe revolucionária se tomarmos como referência as lutas socialistas nas quais os trabalhadores mais humildes quase sempre compareçem como massa de manobra, também no *welfare state* (Estado de Bem-estar Social). Mészáros (2002) também é partidário da tese da extinção do poder político no contexto de sua visão além do capital. No mínimo, porém, o proletariado carece de lideranças estratégicas comprometidas com a ideologia proletária, tese que sempre retoma a noção gramsciana de intelectual orgânico (Macciocchi, 1976; Saviani, 2005, 2008) ou coisa parecida. A revolução precisa de gerente(s), um debate que já foi candente ao tempo de Rosa Luxemburg (1975), quando questionava a ditadura do proletariado como do partido ou de Lênin.

Essa questão continua engasgada, seja porque facilmente se confunde poder político com poder burguês ou porque se confunde capital com capitalismo. Poder político e capital parecem ser fenômenos histórico-estruturais, comuns a toda história conhecida, enquanto poder burguês e capitalismo seriam fases naturalmente passageiras. A originalidade de Holloway está em vislumbrar sinais de alternativas históricas, ainda mal rabiscadas, apenas negativas, mas fundamentais para repensar as condições de mudança. Santos (2002a, 2002b), que também se notabiliza por buscar alternativas ao capitalismo, fala de globalização contra-hegemônica, apontando claramente para a importância de disputar espaços de poder. Caso contrário, a economia popular não iria além de se manter resto da sociedade vigente, não propriamente alternativa. Holloway nega categoricamente que se possa inventar alguma forma de poder alternativo ou coisa que o valha, postulando a rejeição pura e simples de relações sociais contaminadas por poder. Embora sua análise seja inconclusa – "ninguém sabe como mudar o mundo sem tomar o poder" (Holloway, 2003, p. 315) –, não se poderia deixar de anotar que, apelando para o conceito de antipoder, possivelmente não consegue sair da rede do poder. Se, de um lado, é forte a argumentação em favor de apoiar o poder (quem toma o poder, nele se enreda e sucumbe), não é, de outro, menos preocupante a aporia do antipoder (é preciso poder para acabar com o poder). Mais ainda, Holloway não poupa críticas a Foucault, um dos ícones mais apreciados da análise não linear do poder, já que, apesar da intuição fundamental do poder esparramado, manhoso, sorrateiro, fragmentado, não ofereceria alternativa ao poder.

A obra de Holloway tem início com a noção de grito, retomando a dialética negativa da teoria crítica e parodiando, à revelia, a noção bíblica de que no princípio era o verbo. Para Holloway, no princípio era o grito, a habilidade de dizer não, já que "o ponto de partida da reflexão teórica é a oposição, a negatividade, a luta. O pensamento nasce da ira, não da quietude da razão" (2003, p. 9). Reconstrói aí não só o legado da Escola de Frankfurt (Paul; Elder; Bortele, 2010), mas igualmente a percepção atual de que o conhecimento detém **potencialidade disruptiva**, porquanto seu gesto primeiro é desconstrutivo e nisso reside sua força de mudança implacável e permanente (Burke, 2003; Collins; Pinch, 2003; Collins, 1998; Klein, 2002). Reclama da academia, que não dá valor ao grito, porque o transforma logo em objeto de análise metódica, procedimento que apaga o sujeito, transformando-o em objeto. Deixam-se de lado os sentimentos envolvidos, as subjetividades que gritam, para dissolver tudo no discurso acadêmico que sacrifica a realidade ao método (Demo, 2002a). Com isso a negatividade desaparece de cena, normalizando os horrores do mundo, à medida que não se ultrapassam procedimentos de análise que colocam tudo na terceira pessoa, impessoal (Bourdieu, 1998; Forrester, 1997; Bauman, 2005). Ao contrário, seria essencial começar do "nós" que gritamos, mesmo indefinido, ambíguo, disperso, porque aí há gente que grita de verdade, enquanto nas análises acadêmicas há apenas gente que sistematiza distanciadamente. De pouco adianta alegar que esse "nós" não pode ser ponto de partida, porque necessita ser contextualizado, categorizado e permanece pouco definível, já que começar da terceira pessoa não traz qualquer vantagem, tendo em vista que, longe de ser ponto neutro de partida, já suprimiu o "nós" ou o sujeito que grita. Embora seja problemático, naturalmente, querer começar de onde estamos, porque nem sempre sabemos onde estamos, ainda é o lugar mais apropriado, com todas as suas contradições.

Ocorre que é preciso analisar as contradições, não apenas dissolvendo-as em objeto de análise, mas mantendo-as contraditórias, para apalpar sua realidade inequívoca. Não há como negar a dissonância da própria existência, presa como mosca em teia de aranha. O ordenamento analítico não desfaz a teia, nem a aranha. Emancipar implica negar, criticar, insurgir-se, pois "viver, pensar, é negar de qualquer maneira que podemos a negatividade da nossa existência" (Holloway, 2003, p. 15)*. Nosso grito é de "horror e esperança", implicando dupla dimensão: rejeitar antes de tudo e

---

* "Por que você é tão negativa?", pergunta a aranha à mosca. "Seja objetiva, esqueça seus preconceitos". Mas não há como a mosca ser objetiva, por mais que quisesse: Olhar a teia de aranha objetivamente, de fora – que sonho!, sussurra a mosca, "que sonho vazio e decepcionante! Concretamente, qualquer estudo da teia de aranha que não comece pelo fato de que a mosca está presa nela é simplesmente uma mentira" (Holloway, 2003, p. 15).

logo esperar por algo alternativo. Entretanto, isso não garante uma estratégia específica de futuro. O fato de gritarmos ao cair de um penhasco não garante que, gritando, possamos cair confortavelmente no fundo dele. Todavia, o grito não carece legitimar-se por conta de um final feliz, porque o grito, como princípio, tem sua legitimidade própria. Nossa biologia também é assim: quando nos ferimos, gritamos espontaneamente, antes de tudo; não precisamos primeiro inventar uma teoria da dor. Holloway qualifica o grito de extático, no sentido literal: sai de si mesmo para um futuro aberto e incerto. As certezas revolucionárias acabaram, por uma razão prática: não resultaram em nada de alternativo – "essa certeza está historicamente morta e enterrada, destruída pela bomba que caiu em Hiroshima" (Holloway, 2003, p. 17). Nessa altura, Holloway lembra a tese de Bloch (1961; 1959), sobre a ontologia do "ainda não ser", no contexto de seu princípio esperança: a alternativa se consome, caso adote estratégia específica, pois aí se relativiza e entra no rol das coisas descartáveis. É a lógica da utopia: só tem sentido negativo (o que falta na realidade e sempre há de faltar) – caso se realize, deixa de ser utopia.

Esse pensamento negativo, consubstanciado na teoria crítica ou na dialética negativa, pode parecer inútil, pernóstico, mal-humorado, mas é o coração dinâmico das dinâmicas históricas, as quais nunca acabam, porque não se esgotam em nenhuma realização concreta (Giroux, 2009). A revolução sempre está na ordem do dia, porque todas as revoluções concretas são traídas. Há sempre o que fazer, o que gritar. Holloway busca a revolução que não caia na armadilha das revoluções sabidas, em parte revendo o caminho marxista, em parte garimpando horizontes inexplorados do antipoder. Essa visão é própria hoje do conceito de *multidão* (Hardt; Negri, 2005): expressão explosiva da sociedade, naturalmente disruptiva, indomável e da fermentação incontrolável de movimentos inesperados e imprevisíveis. Todavia, tanto Hardt e Negri (2005) quanto Holloway (2003) incidem na busca inviável de um ponto de partida inquestionável, para retirar daí também ilações inquestionáveis, um procedimento tipicamente modernista, positivista!

À revelia de marxistas atuais, em particular ligados ao *welfare state* (estado de bem-estar social), Holloway (2003) considera fundamental ir além do Estado, afirmando que não se muda o mundo por intermédio do Estado. Sempre que se identifica revolução com controle do Estado, assassina-se a esperança, tendo em vista ser ilusória sua autonomia em face do capitalismo. Não se pode imaginar relação de não poder por meio da conquista do poder: "Uma vez que se adota a lógica do poder, a luta contra ele já está perdida" (Holloway, 2003, p. 32). Tomar o poder para abolir o poder é a própria armadilha do poder. Ele concede a dificuldade extrema de aceitar essa invectiva por ser contraintuitiva aos revolucionários e seus acadêmicos. Nas ciências sociais ortodoxas, poder é a pedra angular de toda análise da sociedade*, em geral não se vendo nada além dele, em nome da objetividade. Para Holloway (2003), esse gesto separa sujeito e objeto, sendo tal separação a substância do poder. Estudar o poder por si mesmo

---

* Um dos mais eminentes sociólogos do poder foi Bourdieu (1989, 1998, 2007).

redundaria reproduzir o poder, impedindo o desafio do antipoder. Essa crítica atinge Foucault porque este não teria sabido antever a emancipação do poder, apesar de suas análises argutas. Revisando o marxismo, o estudioso conclui que deveria ter-se tornado claro que não é possível tomar o poder, porquanto poder não é coisa que se possa possuir. Poder consiste propriamente na fragmentação das relações sociais (separação sujeito e objeto), decorrendo que, restaurando-se a devida relação entre sujeitos e objetos, mantendo estes como meios e aqueles como fins, o poder desapareceria. O próprio Estado é assim visto: não é o lugar de poder que parece ser, mas um elemento apenas no despedaçamento das relações sociais. Holloway (2003) não se satisfaz nem com a noção linear de poder binário linear nem com a de multiplicidade não linear de forças, seja porque no primeiro caso não há como sair do poder, seja porque no segundo caso o confronto múltiplo implica, ao final, enredar-se também na mesma trama de poder. Sua crítica a Foucault, assim, ressalta que, esparramando poder por todos os lados, as múltiplas resistências nunca sairiam deste contexto que procuram negar.

Ante o formidável repto de humanizar a sociedade, ele (2003) sugere três vias imagináveis. A **primeira** abandona a esperança radical, contentando-se com o que parece possível fazer em busca de melhorias que não comprometem o sistema. A **segunda** concentra-se na natureza binária do antagonismo entre a classe proletária e a classe capitalista, e aí o problema, como já dizia Lênin, é saber quem bate em quem, jamais saindo desse imbróglio. A **terceira** aceita, antes de tudo, que para fazer a revolução não há qualquer certeza à frente; no entanto, pode-se buscar alguma esperança na característica do próprio poder capitalista: "um poder ubíquo implica uma resistência ubíqua" (Holloway, 2003, p. 119). Trata-se, nessa terceira via, de compreender a dinâmica do antagonismo, negando-o radicalmente.

A crítica torna-se movimento analítico e genérico de **desfetichização**, ou da voz radical do grito. Esse tipo de crítica abarca o lado destrutivo e regenerativo, ao mesmo tempo. No seu lado destrutivo, nada deixa de pé do que existe agora, enquanto, no seu lado regenerativo, busca recuperar o fazer, restaurar o poder-fazer humano. "Assim como a crítica destrói aquilo que nega, ela também é a emancipação daquilo que é negado" (Holloway, 2003, p. 175), à medida que desfaz o fetiche da mercadoria, o estranhamento entre sujeito e objeto. Implica o resgate da subjetividade perdida – a compreensão e a superação dos fatos estranhos, produtos de nossa própria subjetividade autoalienada – bem como a necessidade de orquestrar teoria e prática em nome da alternativa prática. O fazer não é individual, mas social, comprometido com a restauração da dignidade humana. "Criticar a sociedade é criticar nossa própria cumplicidade na reprodução dessa sociedade" (Holloway, 2003, p. 175).

Esse estudioso, a partir dessa crítica, inclui também a ciência e busca, coerentemente, um conceito negativo de ciência. A ciência seria, de si, crítica, ecoando a teoria crítica – conhecer é questionar (Demo, 2010b). O questionamento do fetichismo da mercadoria postula uma distinção radical entre ciência burguesa e a ciência crítica/

revolucionária. A primeira supõe a permanência das relações sociais capitalistas e trata a contradição como sinal de inconsistência lógica. A ciência, aí, é a tentativa de compreender a realidade. No outro caso, a ciência só pode ser negativa, questionando a falsidade da realidade existente. Não se trata de compreender a realidade, mas de apreender e vituperar suas contradições como parte da luta para mudar o mundo. A repulsa radical à ciência burguesa estende-se à ideia de rejeitar qualquer definição do sujeito crítico-revolucionário, já que "a definição implica subordinação" (Demo, 2010b, p. 221). Para Holloway, definir o sujeito revolucionário acarreta regular sua rebeldia essencial. A força do grito está em sua explosão rebelde, indefinível e incontrolável. A arma contra o poder está dentro dele mesmo, no antipoder. Nunca cessou a resistência ao poder por meio da história do grito de horror e esperança. Urge agora criar o antipoder, mas não como poder.

Essa proposta, entretanto, é inconclusa. **Primeiro**, não se sabe como proceder, como mudar o mundo sem tomar o poder, porque todas as certezas se esvaíram, em especial certezas revolucionárias. Holloway relembra a alusão zapatista: "Perguntando, caminhamos" (p. 315, 2003). Confunde-se o plano teórico, naturalmente incerto, pois toda construção teórica é aproximação incompleta, com o plano prático, onde, para entrar na história, é preciso fazer história, ou seja, enfrentar lutas concretas e defrontar-se com poder. Em parte, o caminho se faz caminhando, mas é próprio da visão despreparada assumir o despreparo como criatividade. Uma coisa é apostar em caminhos rígidos, fechados, sempre ilusórios; outra coisa é saber planejar, analisar, pesquisar com instrumentação pertinente e aberta para intervenções mais promissoras e bem avaliadas (Modine, 2010).

Segundo, a referência à negatividade integra o conceito de utopia – não se realiza, mas faz parte da história – e da dialética negativa (Adorno, 1973; Agamben, 2006; Jameson, 1997). Toda realidade dinâmica não se esgota na forma de estrutura histórica e, naturalmente, pode-se sempre ir além, mantendo a esperança em algo melhor, ainda que seja impraticável chegar a algo definitivo. A propriedade dessa percepção não pode, porém, virar brincadeira teórica, não só porque em toda desconstrução existe sempre algo em construção, mas sobretudo porque não se vive só de questionar. Parece "sociologismo" comum: a fuga teórica, marcada pela exorbitância verbal: tudo se pode dizer, porque nada acontece (Demo, 2009b).

Terceiro, o antipoder também é poder, ainda que postulado com outra qualidade. Se não cabe tomar o poder como referência pétrea, não cabe também jogar todo poder no lixo. O risco da armadilha do poder não elide a chance de praticar formas de poder qualitativamente diferenciadas. Se quase todos os políticos são execráveis, não segue que política só seja sujeira. Na análise de Mauss (1989) sobre a dádiva torna-se claro que a dádiva desinteressada é menos comum do que se imagina; predomina a dádiva que gera compromisso e mesmo submissão. Mas isso não desfaz a possibilidade da dádiva cooperativa, hoje mais visível em ambientes coletivos virtuais como a Wikipédia: milhares de editores trabalham gratuitamente e se sentem realizados assim (Benkler, 2006; Zittrain, 2008). Diria – parodiando Holloway – que a armadilha mais insidiosa do poder é o antipoder. Creio que a solução democrática clássica ainda é mais confiável, mesmo que muito frágil: poder precisa ser controlado, duramente, todo dia, toda hora pelos cidadãos. Não se supera visão dicotômica de poder com outra do antipoder.

Quarto, a crítica ao método científico detém sua pertinência, já que o cientificismo reduz a realidade àquilo que cabe no método (ditadura do método, segundo Morin, 1996, 2002), postulando neutralidade e objetividade como cortina de fumaça para encobrir sua inserção histórica e social (Harding, 1998; Demo, 2004a). Uma coisa, porém, é questionar procedimentos reducionistas e implicados em formatos ideológico-sociais vigentes, outra coisa é método científico, que não precisa ser cientificista ou positivista. O gesto primeiro da ciência é desconstruir (negativo, portanto), mas sua utilidade social está principalmente nas reconstruções que permite (algo prático). Não se trata de agredir o método pura e simplesmente, mas de apresentar metodologias mais consentâneas com as dinâmicas sociais e que incluem as participativas igualmente. Respondendo uma rigidez com outra, facilmente se essencializa o grito, já que interessa certamente a quem grita não ter que continuar apenas gritando. Por mais que toda solução seja também utópica, de alguma precisamos, nem que seja provisoriamente. Na sociedade atual, qualquer solução implica defrontar-se com poder.

Utopias e utopismos

Recorrendo ao desafio generativo, Holloway parece sugerir o estilo generativo de revolução, radicalmente aberto, tão aberto que nele não caberia a dinâmica do poder. Isso foi inúmeras vezes prometido em empreendimentos virtuais do tipo *software* livre, Wikipédia, debian.org, internet, *web* 2.0 etc., com resultados muitas vezes altissonantes, mas enredados em contradições libertárias óbvias (O'Neil, 2009; Lih, 2009), como a submissão de participantes a estilos autocráticos de autoridade não eleita e controlada (Stalder, 2010). A insinuação de evitar chefes ou acabar com eles sempre acaba camuflando chefias informais, por vezes tanto mais truculentas. Nunca se conseguiu ir além da liberdade socialmente possível, permitida, regulada em maior ou menor grau. O caráter inconcluso da obra de Holloway não lhe retira o mérito da inovação, também porque possui por trás movimentos sociais alternativos detentores de densas utopias e de histórias carregadas de frustrações e esperanças de multidões imensas, devoradas por sistema absurdamente excludente. Forrester (1997) já sinalizara essa condição sob a expressão do "horror econômico", acompanhada, entre outras denúncias, do livro de Bourdieu (1998) sobre a miséria do mundo, de Bauman (2005) sobre vidas desperdiçadas, de Dejours (2001) sobre a banalização da injustiça social, de Kim et al. (2000) sobre os pobres que morrem por crescimento, literalmente, no Terceiro Mundo, enredados nos malefícios da globalização (Stiglitz, 2002) e na ilusão econômica (Todd, 1998). Santos (2002a), por sua vez, segue outro caminho: não adianta buscar desenvolvimento alternativo, é urgente buscar alternativas ao desenvolvimento, rumo a outro tipo de radicalidade. Reformar o sistema já não interessa, pois este não seria, como alegava o marxismo, reformável. Santos arranja outros problemas, por exemplo, como ser alternativo dentro desse sistema, como garimpar alternativas em culturas residuais, como imaginar um "socialismo de mercado"... (Santos; Rodríguez, 2002, p. 43).

Embora tal pretensão seja atraente, cabe discutir até onde seria utopia ou utopismo. Entendo por *utopia* a crítica negativa da realidade, sempre presente e pertinente, já que toda realidade nunca esgota a utopia (suas potencialidades). O que a história concretiza é sempre muito menos do que seria realizável. Se abandonarmos o conceito negativo de utopia, bastaríamo-nos com as realidades dadas e nos afundaríamos na mediocridade. Não é por acaso que autores dedicados a novas utopias sempre relembram a obra de Bloch (1959; 1961), não só por sua densidade teórica e filosófica, mas principalmente porque surgiu como resposta ao conceito positivo de utopia, frequentemente usado em certo marxismo, à sombra da obra de Engels *Do socialismo utópico ao socialismo científico* (1971). Nessa obra, o autor toma a utopia como proposta destituída de realismo histórico ou, para ser mais preciso, fora do "materialismo histórico", sendo este tanto mais realista porque fundado em ciência[*]. Etimologicamente, porém, o conceito de utopia é negativo, porque designa um não lugar, irrealizável

---

[*] Gorender (1999) mantém a tese do "socialismo sem utopia", no eco de Engels.

em si e, mesmo assim, parte da realidade. É, porém, parte da realidade como aquilo que falta, como ausência. Sinaliza o que não se realizou, do que segue ser a utopia o horizonte inalcançável que paira à frente para que nunca desistamos de avançar.

É fundamental manter em mente a noção de sociedade perfeita – nisto irrealizável na história concreta – para não nos contentarmos com o pouco que a história concretiza. Quem perde a noção de utopia, satisfaz-se com o que tem. Bloch brandia sua crítica contra o assim dito, à época (década de 1960), comunismo científico (um passo além do socialismo científico), já marcado pela ausência de antagonismos radicais e por isso acomodado na dialética não antagônica (Demo, 1995). Para Bloch; parecia sarcástico ao extremo imaginar que no socialismo real se tivera alcançado situação social tão perfeita que já não se viam conflitos sociais mais profundos. A dialética não antagônica não era mais que a nova versão do funcionalismo, destinada a contribuir na manutenção do regime e de seus privilegiados. **Utopismo** significa a pretensão de realizar utopias de si irrealizáveis, balançando entre os extremos da esquizofrenia histórica (implantar na história formações não históricas) e da acomodação idealizada de traições históricas. Em ambos os extremos perde-se a noção da dialética negativa, embora seja mais comum a idealização de traições históricas, como é o caso notório do socialismo real e da democracia liberal.

O utopismo, por exemplo, pretende implantar sociedades estritamente iguais, porque igualdade social é um arquétipo negativo, não formação historicamente viável.

Precisamos do conceito de igualdade social para vituperar as desigualdades historicamente implantadas. Na prática, porém, sociedade de iguais poderia ser ditadura ainda mais virulenta, pois esmagaria o direito às diferenças, tão importante quanto o direito à igualdade. Uma coisa será a sociedade desejada, outra a possível. Os desejos não conhecem limites, mas a história os tem inapelavelmente. Dialeticamente falando, é importante saber compor essa unidade de contrários da utopia e da realidade. Holloway (2003) nos lembra da dificuldade de conceber alternativas, porque estamos afogados nos paradigmas sociais da sociedade ocidental e de uma de suas criações mais geniais que é a ciência moderna. Por isso, imaginar relações sociais destituídas de poder pareceria absurdo em si, bem como mudanças que não recorram à tomada do Estado. Nossa imaginação está tolhida por antolhos seculares que não permitem ver além da normalidade. Essa crítica de Holloway (2003) não poderia ser subestimada, ao apontar o ofuscamento dos paradigmas: uma vez dentro deles, é difícil perceber que há alternativas lá fora. Geralmente é preciso que apareça alguém de fora para apontar as mazelas dos paradigmas em uso. Estamos tão viciados e tomados pelas redes de relações de poder que já não conseguimos imaginar algo diferente. Seria tipicamente inimaginável.

Todavia, a posição de Holloway (2003) é no mínimo apressada, sem falar em seu caráter exageradamente inconcluso, porquanto é difícil aceitar que questionamento tão soberbo termine em pura melancolia, negando um dos esteios da proposta que é resgatar o fazer humano. Em grande parte, à revelia da promessa crítica, não se vai além de teorizar o grito, sem ter ideia mais palpável de práxis alternativa, incidindo na objeção já clássica à teoria crítica de que se satisfaz com teoria e com crítica (Therborn, 1972; Slater, 1978; Darder; Boltodano; Torres, 2009). Em particular, a alegação de que definir o sujeito revolucionário é comprometer sua rebeldia aponta para abuso do construcionismo em ciência, porquanto se a ciência inapelavelmente constrói seu objeto, não precisa "inventar" (Lesh; Doerr, 2003; Demo, 2002a). No processo construtivo sempre há algo de invenção, por conta da tessitura hermenêutica (Demo, 2000b), mas é preciso proceder de tal modo que não predomine a invencionice. A questão mais fundamental é que se aponta como efeito lógico o que é próprio da lógica. Sempre que definimos um objeto de análise, prendemo-lo a limites também artificiais dentro de procedimento claramente reducionista, mas, de si, natural (Haack, 2003). Daí a supor que, definindo o sujeito revolucionário, ele estará fixado no sistema é no mínimo exagero, primeiro porque a revolução, para existir, não depende de ser definida analiticamente (aliás, isso é algo que Holloway enfaticamente questiona, quando reclama da academia que se contenta em analisar, categorizar o grito, colocando-o na terceira pessoa) e, segundo, porque o analista que define pode desenvolver suficiente espírito crítico para não confundir realidade com teoria da realidade*. Holloway

---

* Veja escapismo de Holloway (2003, p. 40) ao citar *"hic Rhodus, hic salta"* ("aqui é Rodes, agora salta!" – dito latino usado para vituperar pessoas que prometem o que não cumprem, empurrando o assunto para adiante indefinidamente). Dizia-se de um ginasta que alegava saber saltar bem somente em Rodes, lugar longe de onde morava, usando isso como subterfúgio.

reconhece que, diante da urgência de mudar o mundo sem tomar o poder, a resposta é óbvia: não sabemos (2003, p. 40), e, entretanto, acrescenta: "Por isso é tão importante trabalhar na resposta, tanto de maneira teórica como prática". Epistemologicamente falando, aparece impropriedade comum: ignora-se que toda prática é circunstanciada, é menos do que o ordenamento ideal que a teoria supunha, surgindo traição inevitável da utopia teórica.

O escapismo está em não definir para evitar que se questione a definição, em particular quando referenciada concretamente. Emerge certo utopismo quando se imagina brandir revolução sem revolucionário definido. Se, de um lado, definir também é apequenar as dinâmicas, não há como, de outro lado, compreender dinâmicas sem defini-las, ainda que toda definição inteligente se conceba como apenas aproximativa e sempre desajeitada, discutível. Quem quer restaurar o sujeito, em particular evitar sua submissão como objeto, não pode deixar o sujeito como objeto indefinido, não só porque corre o risco de uma história sem sujeito, como também porque é pouco útil a noção de cidadania indefinida. A crítica de Holloway ao sujeito revolucionário indigitado no marxismo – o proletariado – é pertinente, se tomarmos a história como referência concreta: a ditadura do proletariado nunca foi do proletariado; foi do partido (Mészáros, 2002; Gorender, 1999). O problema desse equívoco não está em assim ter sido definido, mas em ter-se imaginado via revolucionária excessivamente atrelada a dinâmicas econômicas ditas infraestruturais (mudança de modo de produção no contexto de ditaduras ordinárias), deixando-se de lado o sujeito histórico necessário para processos sociais de mudança. Ainda, o problema maior nunca foi tomar o poder, mas sim quem toma o poder e em nome de quem o exerce. Aí o proletariado, como regra, entrou de gaiato na história, porque não conseguiu ir além de sustentáculo de minorias privilegiadas. Isso mostra que a tese marxista da eliminação do poder político precisa ser questionada, não só porque reflete uma visão linear infraestrutural (em última instância a superestrutura é **determinada** pela infraestrutura), mas principalmente porque não reconhece o caráter infraestrutural das dinâmicas de poder.

Descartar o poder seria o mesmo que pretender descartar a infraestrutura. Marx toma a infraestrutura econômica como estrutura invariante da história – daí provém a interpretação althusseriana* de teor estruturalista da história sem sujeito ou de que Marx não teria sido humanista (Althusser, 1999; 1971; Althusser, Balibar, 1970) –, em torno da qual giram todas as outras dinâmicas. Marx não reduz a superestrutura à infraestrutura, pois tinha uma noção clara da complexidade extrema da realidade histórica, mas falava em determinação, pelo menos em última instância. Daí segue que não pode haver revolução sem mudança de modo de produção, mas segue também que mudar o modo de produção não basta. Na *Comuna de Paris* – um texto da velhice (1872) – Marx

---

* A interpretação althusseriana toma como referência o "velho" Marx, comprometido com o método científico voltado à captação das estruturas invariantes da realidade, à revelia do que o ser humano poderia fazer como iniciativa própria. Cidadania não pareceria importante. Disso se deduz a noção de história sem sujeito.

reconhece, com grande veemência, a importância da história com sujeito, ou seja, de um proletariado que sabe conceber, organizar e implantar a revolução (Demo, 1998). O esquema revolucionário de Marx não funcionou na prática, até porque o socialismo nunca surgiu em um país que já tivesse resolvido o problema da abundância, para que a sociedade se preocupasse apenas com a "administração das coisas", uma vez superada a dominação do homem sobre o homem. Esses equívocos históricos e analíticos, porém, não vão por conta do ato de definir o sujeito revolucionário, mas principalmente por conta de definições incompletas e/ou apressadas.

A noção de trabalhadores livres e associados traduz, de alguma forma, a utopia marxista da revolução, implicando, porém, não apenas a mudança do modo de produção, mas o surgimento de um "homem novo", o qual certamente nunca será produto de determinismo infraestrutural. Repontam aí virtudes cívicas fundamentais para a mudança, em particular a cidadania associativa, como condição crucial para a eliminação da mais-valia: os trabalhadores trabalham para si mesmos, não para figuras espúrias que se apropriam do trabalho alheio; cada um segundo suas possibilidades e a cada um segundo suas necessidades, com base no valor de uso, não de troca. Tudo isso pode ser facilmente banalizado, porque os socialismos reais ficaram extremamente aquém dessa utopia, para não dizer que foram brutais traições (por isso muitos veem nos socialismos reais variantes do capitalismo, não propriamente do socialismo) (Kurz, 1996; Gorender, 1999). A posição de Holloway parece-me clarividente: embora postule mudanças de radicalidade extrema, não descarta a herança marxista *tout court*, restaurando-a em outro momento e com outras perspectivas, em parte muito diferentes das originais. Valoriza o que talvez seja o maior legado da teoria marxista: a crítica ao caráter abstrato da mercadoria, apanhado em especial sob o rótulo do fetichismo da mercadoria (Demo, 1999). Como os sujeitos revolucionários aí definidos não se comprovaram historicamente, não segue que já não seriam indigitáveis sujeitos revolucionários, sob o risco de qualquer proposta virar brincadeira teórica. Não sendo todo sujeito revolucionário o sujeito de nossos sonhos (utopia) não significa que seria preferível abandonar o sujeito ao evitar defini-lo. Se o grito é o gesto primordial, não basta apenas gritar. Essa atitude poderia coincidir em deixar tudo como está, já que não surge o fazer humano, a práxis alternativa. Toda práxis alternativa não esgota a utopia, porque é próprio de qualquer práxis (realiza **certa** história, não **a** história), mas isso não é defeito. Faz parte da dinâmica dessa singular unidade de contrários entre utopia e realidade. Quem define obviamente se trai, mas isso não elide a necessidade de definir. Como toda revolução será, de alguma forma, traída, não segue que já não se faça mais nenhuma. Seria o mesmo absurdo de desistir de viver porque com certeza vamos morrer.

Cabe, ademais, questionar o conceito de antipoder, já que não se poderia confundir "não poder" com "antipoder". É prudente observar que, tratando de antipoder, estamos falando de poder. Seria esdrúxulo imaginar que antipoder não lida com poder, assim como a não violência não é propriamente ausência de violência, mas outra forma, mais inteligente e efetiva, de violência. A não violência desiste da violência física, mas, com isto, ganha tanto melhor condição de "violência moral". Holloway (2003) titubeia entre não poder e antipoder, não deixando claro no final do que se trata. Em muitas passagens, alude à possibilidade de liquidar com o poder, pura e simplesmente, o que já me pareceria utopismo típico, enquanto em outras passagens maneja a ideia de resistência genérica, no sentido do grito indomável. Obviamente, se se trata de alguma forma de resistência – e que parece ser o caso – também se trata de uma forma de manejar o poder. A diferença será que esse poder é de baixo para cima, enquanto o outro, a ser desbancado, é de cima para baixo. Diria que Holloway não tece uma noção suficientemente adequada da complexidade não linear do poder, perdendo de vista a importância da "politicidade" das relações sociais (Demo, 2002c). Não cabe transformar em escapismo o que é apenas unidade de contrários. Os que propõem mudanças não deveriam geri-las, pois no processo de gestão, feito pelos próprios promotores da mudança, perde-se a verve da mudança, já que o foco estará em sua institucionalização. Sociologicamente falando, não se trata de defeito, mas de dinâmica complexa não linear. Uma coisa é buscar explodir o sistema. Outra é instituir um novo sistema, que, por mais novo que seja, é sistema e logo vai ficando velho. Pode-se ver essa diferença complicada em líderes mais voltados para as mudanças e em líderes mais voltados para sua institucionalização. O exemplo mais conhecido foi a separação entre Guevara e Castro em Cuba: o primeiro encarnava o "grito" indomável e permanente, obsessivo, enquanto o segundo queria colocar de pé um sistema que precisava funcionar minimamente.

Dificilmente um líder enfeixa ambas as qualidades. Mudar e manter mudanças são atividades essenciais, mas pouco compatíveis na prática.

Holloway alega que a crítica também possui o lado regenerativo, mas este lado se apaga, ao declamar que não tem ideia de como desenhar práticas alternativas. Não é que não tenha ideia; foge dela. Quanto à distinção radical entre ciência burguesa e ciência crítica ou revolucionária (Holloway, 2003), seria oportuno matizar essa pretensão com maior cuidado. Em ambientes marxistas é comum a ideia de que existiria uma ciência marxista, geralmente identificada com o materialismo dialético. Apenas tangenciado esse imbróglio, cabe assinalar que, ao rejeitar o positivismo modernista, porque sacrifica a realidade ao método, é preciso aceitar que qualquer método tem as virtudes e os defeitos de procedimentos metódicos. Os cientistas trabalham com um objeto construído, assim como os marxistas. O que está em jogo é a expectativa de que o olhar marxista seria mais respeitoso da realidade, pois a toma em sua complexidade e concretude histórica, em tom epistemológico alternativo, no qual o materialismo dialético combina a atividade analítica com a de transformação história (Demo, 1995, 2004a). Todos os métodos são reducionistas, também o materialismo dialético, pois é do negócio que conhecer a realidade significa também padronizá-la em processos recorrentes, de preferência subsumíveis a leis ou regularidades constantes, por meio de arcabouços teóricos tipicamente ordenadores (Foucault, 2000). Marx tinha a pretensão de descobrir as leis da história, que se imporiam com necessidade de bronze (Demo, 1995). O realismo da teoria marxista geralmente se remete ao materialismo histórico, o qual, se apressadamente interpretado, redunda logo em determinismo infraestrutural. É inconteste que o marxismo produziu análises, teorias, pesquisas de grande virtude acadêmica, mantendo-se ainda como baluarte crítico mais pertinente do capitalismo. Seu mérito maior talvez tenha sido, como bem aponta Holloway, descobrir o caráter crítico da ciência e aplicá-lo sistematicamente no questionamento do caráter abstrato, fetichizado, da mercadoria. Nesse sentido, Marx incorporou um dos gritos mais formidáveis contra um sistema que opera pela exclusão impiedosa das maiorias, ao tempo que reduz tudo a mercadoria, em particular o trabalho humano.

Não é prudente falar de ciência burguesa e de ciência crítica como se fossem radicalmente diferentes. A diferença existe – e é tremenda – no plano epistemológico e ideológico: cada uma tem em mente modelos antípodas de reconstrução analítica e de transformação da sociedade. Mas, metodologicamente falando, ambas possuem similitudes óbvias, porque ambas procuram captar a realidade, embora movidas por motivações políticas muito disparatadas. Chama-se *ciência burguesa* aquela que serve à burguesia, mas, para melhor servir à burguesia, precisa captar a realidade e reconstruí-la com cuidados metodológicos tais que o intento de reconstruir a realidade se sobreponha ao de a deturpar. Para bem deturpar a realidade, é imprescindível conhecê-la da melhor maneira possível! Não se pode, assim, reduzir ciência à ideologia, mesmo que sempre esteja banhada de ideologia. À medida que cada vez mais a ideologia invade o espaço, a realidade vai se tornando acessória. O método existe também para controlar a ideologia, até onde for possível. Assim, a ciência crítica não é aquela que já não seja ideológica, é aquela que cultiva uma noção mais acerba de autocrítica e nisso sabe controlar melhor a ideologia. Na prática, a ciência crítica assume outra ideologia, comprometida com mudanças, em particular com mudanças inspiradas de baixo para cima. Embora possamos entender bem o que Holloway (2003, p. 177) alega quando diz que a ciência burguesa "é a tentativa de compreender a realidade" e pode deter o mesmo vício epistemológico de imaginar que toda definição tenha de ser feita de maneira positivista. Compreender a realidade pode implicar a manutenção ideológica do *status quo*, no contexto positivista, mas não necessariamente, assim como, reconhecendo-se que todo sistema educacional tende a reproduzir as relações de poder em sociedade, não segue necessariamente que tenha como sina só fazer isso. Em certo sentido, "compreender a realidade" é o projeto comum a qualquer tipo de ciência, diferenciando-se no plano ideológico e epistemológico. Não se poderia dizer que só interessa a crítica, não a realidade. Incidiríamos na ditadura do método, à revelia. O marxismo bem interpretado jamais diria que, para produzir em abundância, basta a ciência crítica. Há de existir também uma ciência propositiva, que suja as mãos com realidades concretas e nisto também se torna questionável. Na discussão metodológica, distinguimos, na demarcação científica, entre objetividade – que não existe – e **objetivação**, que deveria existir. Por objetivação entende-se o esforço bem intencionado e nunca suficientemente bem efetivado de captar a realidade assim como ela é, embora nunca façamos isso, até porque me parece impossível saber o que é realidade ao final das contas (Demo, 2002a). Todavia, se perdemos de vista a noção de realidade – e que não passa de interpretação reconstruída no contexto hermenêutico – podemos correr o risco de ficar só com a ideologia, o que, ademais, deturparia a própria crítica. Para compreender as contradições da realidade como parte da luta para mudar o mundo, supõe-se que esteja fazendo algo real, porque se trata não só de compreender, mas de mudar o mundo. A distinção entre ciência burguesa e ciência crítica é radical no plano epistemológico e ideológico, mas não no plano metodológico. Se nenhuma categoria é neutra, decorre que também na ciência crítica nada é neutro.

Dialética histórico-estrutural

Busco circunstanciar teoricamente condições de mudança, de modo aproximativo apenas. A pergunta seria: Até que ponto é possível expurgar das relações sociais a trama do poder? Jamais teremos uma resposta satisfatória para tamanha pergunta, pois suporia poder observar a realidade de fora, enquanto, como uma porção desta realidade, só a podemos observar parcialmente. Até onde é possível uma história alternativa, sobretudo radicalmente alternativa, é questão tipicamente aberta, que desborda toda possibilidade de conclusão. Se, porém, deixarmos essa resposta inconclusa, como faz Holloway com referência a mudar o mundo sem tomar o poder, corremos o risco de banalizar a teoria crítica como mera diatribe ou tertúlia. O exercício que aqui faço é, por isso, pertinente, mas apenas tentativo. Para tanto recorro à dialética histórico-estrutural (Demo, 1995), voltada para reconstruir fenômenos histórico-estruturais.

O que é fenômeno histórico-estrutural? Segundo a dialética histórico-estrutural – uma entre outras –, fenômeno histórico-estrutural é aquele que possui a consistência da estrutura e a dinâmica da história. No modernismo, **estrutura** seria invariante (exemplo clássico é o formalismo estruturalista de Lévi-Strauss) (Demo, 1995), sempre a mesma, recorrente indefinidamente, sem história (noção de história sem sujeito, predeterminada).

No pós-modernismo, **estrutura** designa modos de ser dentro do vir a ser – a ossatura que sustenta o corpo, mas é corpo, também muda, ainda que seu ritmo seja bem mais lento. Com a noção de caos estruturado, ou de estrutura dissipativa, estrutura não pode mais ser considerada invariante, apesar de ser o que menos varia. Em toda dinâmica, por mais complexa que seja, há modos de ser, nos quais sempre podemos descobrir recorrências relativas.

História designa, por sua vez, os modos de vir a ser, as transformações no tempo, de modo irreversível e também não linear (De Landa, 1997; Massumi, 2002). Se o universo começasse de novo (se é que começou!), não poderia vir a ser o mesmo, pois a história não se repete, nem o ser humano seria o mesmo, porque, por hipótese, poderia sequer ter surgido no processo evolucionário, ou evoluído de outro modo (Gardner, 2003, 2007). A referência história coloca sobre as identidades a pressão da mudança: para que algo continue o mesmo, tem que mudar. A identidade que sobrevive é a que muda. A que não muda simplesmente desaparece. O ser humano permanece o mesmo durante sua vida porque muda. Não pode nascer pronto, queimar etapas (passar direto da infância para a velhice), e à medida que amadurece, também vai morrendo. Está marcado pela incompletude, mas isso lhe permite conhecer e aprender, fazer e fazer-se oportunidade. Essa visão aplica-se ao fenômeno da desigualdade social, no intuito de aquilatar até que ponto é possível acabar com ela ou, se, sendo fenômeno histórico-estrutural, possui, pretensamente, dimensões imutáveis.

Desigualdade, nas **sociedades conhecidas** até ao momento, parece ter sido sempre fenômeno histórico-estrutural. Essa constatação aparentemente fácil não pode levar ao positivismo empirista que extrai rapidamente de fatos repetidos uma lei histórica. Como mostrou Popper, a indução (da constatação de fatos repetidos) não gera generalizações plenas porque é impraticável factualmente e inviável logicamente (nasce dedutivamente) (Demo, 1995). Sendo a sociedade dinâmica complexa não linear, não lhe cabe a expectativa de linhas retas na história. Porque sempre foi assim não significa que sempre será (deverá ser) assim. Sem incidir nesse positivismo, pode-se reconhecer não mais que um **fenômeno tendencial**, segundo a **rota conhecida**. Não se pode afirmar que todas as sociedades são desiguais, porque não sabemos o futuro (estruturas dissipativas não são previsíveis linearmente). Mas será "prudente" contar com sociedades desiguais, a exemplo da **história conhecida**, que não é parâmetro definitivo; apenas é o disponível. Na linguagem metodológica, podemos dizer que partimos da "hipótese de trabalho" da desigualdade social tendencial, pelo menos até ao momento.

Embora a sociedade humana tenha se transformado de maneira fantástica na história, a estrutura da desigualdade parece ter se mantido similar (Demo, 2002b). Será sempre difícil afirmar se hoje nossas sociedades são mais ou são menos desiguais, pois isso depende muito do olhar. Quem prioriza o olhar ético talvez conclua que são piores, porque sabemos muito mais que antigamente, temos muito mais recursos tecnológicos disponíveis, estudamos sistematicamente durante a vida, e, mesmo assim, mantemos sociedades eticamente condenáveis. Quem prima pelo olhar tecnológico tende a declamar os feitos obtidos no domínio da natureza por meio da ciência, desde a invenção da roda até ao computador (Dupas, 2006). Marx combinava ambos os pontos de vista: cada modo de produção novo seria uma revolução, mas socialmente falando poderia ser agravamento das condições sociais, como era o caso do capitalismo. Dificilmente se poderia negar que vivemos em sociedades absurdamente desiguais: somente um punhado de países eurocêntricos possui democracia razoável e algum bem-estar comum; dois terços da população mundial são pobres e a natureza está agonizando.

Fala-se de igualitarismo (Boehm, 1999) – as sociedades são desiguais, mas poderiam ser igualitárias. Igualitarismo designa a possibilidade de cada sociedade administrar a desigualdade de tal maneira que prevaleça o bem comum, como quer, por exemplo, a democracia, se tiver mínimo de qualidade. De um lado, a biologia constata que os seres são diversos (tese da biodiversidade ou da multi, interculturalidade no plano social) (Santos, 2005). Dentro da mesma espécie, nenhum ser é exatamente igual ao outro, assim como dois gêmeos idênticos não são idênticos socialmente falando. Essa biodiversidade extrema reflete a complexidade não linear, bem como sua potencialidade criativa indomável e imprevisível. Embora toda a dinâmica também se repita (senão não seria caos estruturado), dinâmico é somente o que não se repete. De outro, é preciso encaixar o debate atual sobre o multiculturalismo, que, entre outras vertentes, consagrou o direito à diferença (Santos, 2004). Os seres humanos são, ao mesmo tempo, iguais e diferentes, como o debate feminista aclarou (Harding, 2008). Entretanto, em sociedade, meras diferenças tendem a transformar-se em desigualdades, porque é da dinâmica complexa não linear das relações sociais. Primeiro, pessoas totalmente iguais sequer se relacionariam porque seriam as mesmas. Segundo, a comunicação humana supõe as diferenças, não só porque tendemos a perceber e a entender melhor o que é diferente, mas, sobretudo porque, se as mensagens fossem as mesmas, não teríamos mensagem. Terceiro, a comunicação humana enreda-se na desigualdade, porque, ao nos comunicarmos, não só dialogamos como também disputamos pretensões individuais e coletivas (caráter estratégico da comunicação humana, à revelia de Habermas) (Demo, 2002c; Bourdieu, 1996a, 1996b).

As culturas de si seriam apenas diferentes. No relacionamento social, porém, tendem a ser tratadas como desiguais, porque nunca ocorre que ambos os lados tenham a mesma chance, o mesmo nível, a mesma história, os mesmos recursos materiais, e, sobretudo, o mesmo poder. O igualitarismo engloba a tese da politicidade intrínseca das relações sociais, significando que faz parte endógena do ser humano a marca política – a pretensão de fazer-se sujeito capaz de história própria (Demo, 2002c). Entre homem e mulher haveria apenas diferenças, de teor biológico, orgânico, psicológico, estético, físico. Entretanto, nos relacionamentos concretos, tais diferenças se transmudam em desigualdades, por obra da complexidade não linear e política da sociedade. É parte das sociedades conhecidas que simples diferenças facilmente virem desigualdades, o que também pode exacerbar a disputa social. O igualitarismo implica cidadania coletiva: para administrar as desigualdades de tal sorte que prevaleça o bem comum, cada sociedade precisa fazer-se sujeito de proposta própria, individual e coletiva, impondo controle democrático vigilante de baixo para cima (Rushkoff, 2010; Matsusaka, 2010). A tendência maior é a formação de privilégios para poucos, restando para as maiorias sustentá-los. Esse estereótipo é o que mais marca a história da humanidade. Entretanto, cooperação também é de princípio, porque viver em sociedade implica conviver (Morin, 2002; Ulanowicz, 2009). O igualitarismo não pretende extirpar o poder – seria petição de princípio (é preciso descomunal poder para acabar com o poder) –, mas pretende disciplinar o poder: declara-o como originário do grupo (não há família real, divina ou coisa parecida, que tenha recebido poder exclusivo ou hereditário), exige eleição periódica e prestação constante de contas, conta com a vigilância organizada da população (associativismos) (Demo, 2002d). Era o que Marx pretendia na *Comuna de Paris*. Por força da cidadania, é possível confrontar-se com a desigualdade social, desde que existam na sociedade sujeitos capazes de história própria, individual e coletiva. O igualitarismo supõe confronto, porque quem não se confronta corre o risco de tornar-se solidário com o opressor, por força de sua pobreza política (Demo, 2007).

A questão social, assim, não é propriamente problema capitalista, porque é endêmica na sociedade desigual conhecida. O capitalismo acrescentou sua pimenta própria, exacerbando-a sem precedentes, pois espolia o trabalho alheio. Da hipótese do igualitarismo seguiria a da questão social como endêmica: mantida a tendência atual, as sociedades sempre manifestarão desigualdades suficientes para gerarem a questão social (minoria privilegiada que se aproveita das maiorias). O marxismo introduziu a noção de "classes sociais" para designar a desigualdade estruturada pelo capitalismo, com base no fenômeno da mais-valia: quem trabalha e produz o valor central da sociedade (trabalho) não fica com o resultado de seu trabalho, que é apropriado pelo capitalista que não trabalha, recebendo apenas um salário tendencialmente mínimo (como há sempre mais gente querendo trabalhar do que há trabalho disponível, é fácil depreciar a mão de obra – exército de reserva). Do valor de uso passa-se ao valor de troca, provocando a lógica abstrata de mercadoria, reduzindo o trabalho e o trabalhador a mercadoria. Entretanto, como classes sociais são produto histórico-capitalista, superando-se o capitalismo, suprimem-se as classes sociais. Essa expectativa sempre foi motivo de alguma discórdia (Demo, 1999, 2001a).

A supressão das classes sociais não implica a supressão das desigualdades, também porque a sociedade complexa não linear não se reduz à infraestrutura. O ser humano é condicionado por infinitas outras dimensões que não sejam apenas o trabalho e as necessidades materiais. De outro, a postulação do materialismo dialético (a superação do capitalismo se dá na própria contradição capitalista, de dentro para fora, inapelavelmente) implicaria que a sociedade gerada historicamente se mantivesse histórica. Poderíamos superar o trabalho alienado e espoliado, mas certamente não superaríamos a tessitura incompleta do ser humano. A questão social voltaria, com outras dinâmicas, mas teríamos, outra vez, de fazer política social – ativar a cidadania coletiva para que prevaleça o bem comum.

Talvez seja possível extinguir a mais-valia – os trabalhadores livres associados colocariam o mercado como simples meio para o bem comum, promovendo o valor de uso coletivo. Mas é imprudente postular que se extinga o que Morin chama de *tumulto criativo*, dentro da noção de *Homo sapiens demens*: o ser humano é, de um lado, racional, sabe pensar, produz tecnologias, conhece e aprende; de outro, porém, é demente, louco, arrogante – quem sabe pensar raramente gosta que outros também saibam pensar! Existe no marxismo mais ortodoxo a tese da dialética não antagônica para designar a entrada em sociedade posterior ao capitalismo (socialismo e, a seguir, comunismo) na qual, não havendo mais conflitos radicais, restariam apenas outros menores, passíveis de serem administrados de maneira não antagônica. Ironicamente, essa tese foi proclamada no socialismo real soviético, aludindo à pretensão descabida de que a União Soviética, tendo superado o capitalismo, já não teria conflitos sociais mais profundos (tese do comunismo científico, parodiando o socialismo científico de Engels) (Demo, 1995). A própria história acabou indicando o quanto essa visão era funcionalista – servia para domesticar a população, para que não se confrontasse com o regime. Disso não segue, porém, que o assim dito socialismo real seja o único socialismo possível. A utopia socialista continua de pé.

Vivemos, porém, numa sociedade de classes (Bakan, 2004). Embora esse conceito deva ser revisto para outro momento histórico (Boltanski; Chiapello, 2005), tem sua validade específica, em particular em sociedades como a brasileira. A imposição da economia liberal capitalista está na origem da exclusão social ingente, em particular porque o mercado capitalista é visto como regulador da sociedade, não o contrário. A questão da espoliação e alienação do trabalho está mais atual que nunca, mantendo-se como angústia persistente (Rosso; Fortes, 2007; Rosso, 2008; Cote; Pybus, 2010). A questão social não pode ser vista apenas sob essa ótica, porque há outras questões sociais anteriores ao capitalismo (questão da mulher, fundamentalismos religiosos, regimes totalitários etc.), bem como, possivelmente, haverá outras questões sociais posteriores ao capitalismo. Mas isso não retira a relevância do confronto de classes. Por certo, o mundo mudou muito, também o mercado, embora continue capitalista (Stiglitz, 2002). Ao lado dos proletários, que vivem em condições drásticas de sobrevivência (salário mínimo), o mercado abriu nichos de emprego elevado, sem falar em setores nos quais o trabalho é de sentido intelectual (professores, técnicos, por exemplo), provocando estilo de mais-valia dificilmente comparável ao dos proletários. Todo mundo se diz trabalhador e, em certo sentido, é de fato; mas, socialmente falando, há salários que permitem praticamente acumular capital e, aí, nada têm a ver com os salários de fome. Como previu Marx, estamos hoje na dinâmica da mais-valia relativa – o mercado explora mais o cérebro das pessoas, do que seus braços (Huws, 2003; Bard; Söderqvist, 2002). O trabalho continua a ser explorado, mas o diapasão da exploração admite variações inacreditáveis. Quando falamos de sociedade de classes, referimo-nos especificamente ao confronto de classes – à luta que os marginalizados precisam travar, com auxílio em geral de intelectuais orgânicos, contra o sistema capitalista. Vivemos o drama do mercado fora de controle (desregulado), a mão invisível nas mãos de poucos, tornando cada vez mais dramática a condição de países em desenvolvimento (Amsden, 2009). Para ser possível o igualitarismo, muitos diriam que é imprescindível superar o capitalismo, porque este não permite a regulação da sociedade pela cidadania coletiva. Alguns verão no mercado capitalista simplesmente uma questão de mercado, tendencialmente estrutural. O social não poderia estruturar o econômico. É preciso distinguir entre mercado e mercado capitalista. O mercado, isto sim, é um fenômeno histórico-estrutural: encontramo-lo em qualquer sociedade. Já mercado capitalista é a sua versão capitalista, ou melhor, sua perversão capitalista. Pode ser mudado e superado. A questão maior será cidadania coletiva. Sem esta não há como pensar em igualitarismo.

Esse tipo de argumentação é algo diferente da argumentação de Holloway, a começar pela noção de dialética histórico-estrutural. Do ponto de vista biológico, o processo evolucionário tem mostrado que é dinâmica aberta e sem limites, provocado pela via da **emergência** (Johnson, 2001;

Holland, 1998; Jensen, 1998; Morowitz, 2002)*, razão pela qual não é próprio impor-lhes limites definitivos. A evolução não faz qualquer coisa, pois se dá no plano material – conforme a hipótese dominante (Fuchs, 2008) – e tem certas propriedades, não todas as propriedades possíveis e imagináveis. Mesmo assim, tem revelado criatividade estonteante, em particular no mundo vivo, inclusive o ser humano. A partir de certa altura do processo evolucionário (já também humano), entra em cena a cultura, bem como a linguagem, o que tem permitido apertar o processo de mudança de maneira fantástica (Klein, 2002): há 40 mil anos vivíamos em cavernas; hoje vivemos em cidades muito sofisticadas, inventamos universidades, sociedades inteligentes, sistemas complexos de informação etc., num espaço ínfimo de tempo, dentro do contexto do tempo evolucionário (Gleick, 1999; Connolly, 2002). A capacidade de aprender e conhecer seria um indicador mais palpável da habilidade de mudança. Funda-se o fenômeno próprio de todo ser vivo, mas ainda mais visível no ser humano, da **autonomia**. Não alcançamos autonomia plena, pois não somos seres plenos, mas podemos alargar a autonomia, aparentemente, de modo infinito,

---

* Emergência é a dinâmica complexa não linear por meio da qual, de condições iniciais dadas, evolui-se para fenômenos que estão além delas. Exemplo típico: o cérebro é base material que produz fenômenos imateriais, como pensamento, imaginação, esperança. Diz-se que tais processos imateriais desbordam as condições iniciais. Prigogine (1996) fala, entre outras coisas, de "estruturas dissipativas", para sinalizar que toda estrutura também é fenômeno histórico irreversível – o que é irreversível produz algo mais do que seu ponto de partida.

dentro do mundo finito (Diamond, 1999; 2005). Vivemos a expectativa de provocar a dinâmica da emergência em nossos artefatos, sobretudo no computador: imaginamos um computador que saiba pensar como os humanos, ou de modo similar (Satinover, 2001; Dreyfus, 1997; Kurzweil, 2005)*.

Diante da versatilidade da natureza e da história, torna-se impraticável assegurar que não poderíamos ter, um dia, sociedade destituída de poder. Fechar essa porta é impróprio, porque imporíamos um parâmetro linear a dinâmicas não lineares. Por mais que dinâmicas não lineares tenham formatações lineares (o caos é estruturado), nem a evolução nem a história poderiam ser alinhadas a um beco sem saída. Entretanto, quando dizemos que poder é fenômeno histórico-estrutural, supomos – por hipótese apenas – que toda sociedade humana, **pelo menos as conhecidas até hoje**, sempre manifestaram esse traço. Por isso, faria parte na história e da estrutura. O problema propriamente dito está na noção de estrutura. Tradicionalmente, no meio acadêmico, estrutura é entendida como invariante, na expectativa analítica positivista de que a realidade complexa é redutível a modelos simples, e por isso tanto mais reais e explicativos

---

* Sem pretensões de encorpar esta discussão complexa, lembro a obra de Hayles (2008) sobre "literatura eletrônica" (electracy), na qual, além de reconhecer essa versão digital da literatura (que já nasce digital), discute a perspectiva de surgimento da consciência no computador, referindo-se, em parte, a Dennett (1991, 1996) e outros estudiosos da consciência (Pitrat, 2009). O argumento mais usado é que, tendo a consciência humana emergido de processos materiais naturais inconscientes, não seria impossível ocorrer isso em máquinas, ainda que nelas não seja o caso esperar pelo tempo biológico normal de bilhões de anos.

(Demo, 2000a). Essa noção está sendo fortemente abalada, pelo que se tem chamado de *dinâmica complexa não linear* (Morin, 200; Demo, 2002a). Não se desfaz a noção de estrutura, mas entra em cena a ideia de estrutura dissipativa. Não é difícil perceber que certas estruturas se repetem na história, entre elas relações de poder. Em cada caso, tais estruturas assumem formações diversificadas, já que história não é apenas roupagem, mas igualmente, como quer a dialética, gênese. Essa unidade de contrários entre estrutura e história é o charme da dialética histórico-estrutural e que se habilita a observar tanto como as instituições resistem ao tempo, quanto como se dissolvem no tempo (Bauman, 2001). A pergunta é, então, até que ponto seria argumentável que estruturas de poder desapareçam por completo da sociedade...

Primeiro, observando as sociedades conhecidas, seria imperioso engolir que em todas existiram estruturas de poder. Todas foram e são desiguais. Não subsistem mais alegações, geralmente da antropologia, de que teríamos tido sociedades (primitivas) iguais, o que tem motivado a distinção entre sociedades históricas e não históricas (Boehm, 1999). Essa visão não se sustenta, pois implica um entendimento antropomórfico de tempo, enquanto não se pode deixar de lado o tempo evolucionário: a evolução supõe ritmo muito lento de tempo, e neste ritmo não deixa nada intocado. A história conhecida não indicaria a possibilidade de sociedades sem poder.

Segundo, essa constatação não se fundamenta em nenhuma lei histórica, se isso fosse possível, por razões já aludidas (Giere, 1999). Não temos argumento, propriamente falando, mas alegação baseada na história conhecida e que faz parte das expectativas metodológicas: supondo-se que a tendência observável se mantenha, teremos sociedades desiguais. Essa suposição tem toda uma história a seu favor, mas, mesmo assim, ela deixa de ser histórica se se fechar a história. No contexto de dinâmicas complexas não lineares, tendências que se mantêm invariavelmente representam o que há de menos dinâmico, tornando-se impróprio fundar-se peremptoriamente em tendências invariantes. Nada podemos prometer, nem que sempre haverá poder nem que um dia não teremos poder. A ideia de acabar com o poder tem apenas uma desvantagem: não tem exemplo histórico a favor. É utopia. E se for imposta à história facilmente se torna utopismo.

O reconhecimento de que não se pode acabar com o poder não poderia redundar na consagração do poder. A democracia foi inventada para evitar este deslize: não se escapando do poder, é preciso gerir o poder em nome do bem comum. Este seria o realismo democrático – para democratizar o poder, mister se faz partir dele. Quem ignora o poder, já é vítima dele. O igualitarismo busca combinar igualdade e diferença dentro da unidade de contrários. Como aludido, Holloway titubeia entre as noções de antipoder e de não poder. Do ponto de vista da dialética histórico-estrutural, a noção de não poder pareceria ser utopista, porque imagina implantar na história formação historicamente impraticável. A noção de antipoder, entretanto, seria congruente, porque é, no fundo e na prática, maneira de se confrontar com o poder. Implica poder, mas poder em outra direção, de baixo para cima. É comum na história que críticos do poder, uma vez inseridos nele, exerçam-no de modo ainda mais truculento. Não é defeito exercer poder, até porque, sendo os seres humanos figuras embebidas em intensa politicidade, isso ocorre em toda relação social. Defeito é exercer de modo privilegiado, à custa das oportunidades alheias. Uma coisa é o discurso de oposição, outra é o de exercício de poder. O problema se coloca, quando a distância se torna excessiva, dando a impressão de que o discurso de oposição serviu apenas para chegar ao poder, afastando-se no exercício do poder cada vez mais das promessas anteriores.

Histórico-estruturalmente, cabe apontar para a maneira como se reconstrói a realidade em sua dinâmica complexa não linear. Imagina-se que a sociedade é dinâmica por ser unidade de contrários. Um dos fulcros dessa unidade de contrário são as relações sociais contaminadas de poder. Os seres humanos não são figuras contíguas, mas se relacionam intensamente: o outro é constitutivo em sociedade. O ato de relacionar-se não pode ser visto como um fenômeno linear apenas, mas de intensidade não linear, implicando tanto a possibilidade do bom relacionamento, como do desentendimento. Quando nos relacionamos, também nos influenciamos, estabelecendo um campo de força energizado também por clivagens de expectativas, posições sociais de classe, estratégias de vantagens, fenômenos sempre banhados de pretensões de igualdade e de diferença. Em certos momentos, preferimos insistir na igualdade, quando estamos por baixo. Em outros, na diferença, quando estamos por cima. Por trás dessas ideias está uma expectativa de realidade, comum a qualquer método: para captar a realidade é imprescindível ter uma ideia suposta de realidade. Essa ideia é, em si, suposta, pressuposta, como ponto de partida que fica no fundo da problemática e geralmente esquecida. Nesse aspecto nenhum método, em si, leva necessariamente vantagem, porque trabalha com pressupostos. A vantagem pode ser outra, se um método se mostrar mais hábil em dar conta da complexidade não linear, sobretudo se não praticar a ditadura do método. A dialética histórico-estrutural detém seus pressupostos de realidade, perfeitamente discutíveis, mas que são mantidos porque se imagina que respeitam melhor a realidade no fundo indevassável. Supomos que as relações sociais são feitas sempre também de tramas de poder e que isto, pelo menos na história conhecida, não seria algo que poderíamos propriamente descartar. Podemos, isso sim, gerir melhor.

Essa alegação não retira a propriedade do argumento de Holloway de acabar com o poder. Apenas o torna menos provável, dentro da observação das sociedades conhecidas. Sobretudo não retira o direito à alternativa, também radical. O problema que fica é de não incidir em utopismo: querer impor na história utopias, geralmente redunda em ditaduras frenéticas, tipicamente fundamentalistas. Para acabar com o poder é preciso um fantástico poder. Até que ponto mudar o mundo sem tomar o poder não seria "uma fria" para os excluídos? Talvez fosse mais prudente falar de antipoder, no sentido de exercer outro tipo de poder, democrático radicalmente. A dialética histórico-estrutural considera, por sua conta e risco, a unidade de contrários como dinâmica essencial da realidade, estando nela inserido o caráter polarizado das relações sociais. Essa maneira de ver recebeu aportes importantes ultimamente, também das ciências naturais, com destaque para Prigogine (1996), que restaurou o conceito de dialética da natureza, no eco de Engels (Prigogine; Stengers, 1997). Isso, certamente, é muito polêmico, pois causou enorme desconforto entre os cientistas duros, que continuam acreditando muito mais em matemática do que em dialética, ainda que, depois do teorema da incompletude de Gödel (Alesso; Smith, 2009; Hoffstadter, 2001; Carvalho; Mendonça, 2003) e da lógica difusa (Kosko, 1999), seria incongruente inventar dicotomias entre dialética e matemática (Lesh; Doerr, 2003; Lesh; Hamilton; Kaput, 2007). Na multiplicidade natural de visões epistemológicas, cada uma pleiteia um tipo de compreensão da realidade, de acordo com sua expectativa de realidade e de poder de explicação. Marx postulou o materialismo dialético como método de sua análise, redundando sua visão de história no materialismo histórico. Por conta dos ventos metodológicos da época, sua visão foi relativamente determinista, implicando certa teleologia (do capitalismo segue o socialismo e, por fim, o comunismo), dentro de possíveis leis históricas, um conceito que hoje está em crise. Sobretudo, está em crise a dialética não antagônica, porque é pouco congruente imaginar que dialética vale só para certo período histórico, acalmando-se depois e tornando-se funcionalista. Parece nítido o utopismo. Assim como consideramos a visão marxista discutível, não é menos discutível qualquer outra visão, tendo em vista que o caráter discutível é intrínseco à lide científica, em particular no contexto da teoria crítica. Holloway corre o risco de cair na dialética não antagônica, ao imaginar sociedade sem poder, facultando ainda mais a prepotência dos poderosos, assim como a dialética histórico-estrutural pode correr o risco de, tomando a história conhecida como referência relativa, permanecer apenas nela, esquecendo as utopias.

Uma coisa é reconhecer o ambiente de incerteza do conhecimento científico que se alimenta da dúvida, da pesquisa e da desconstrução, outra é alegar que nada se poderia dizer sobre fenômenos. Não cabe aduzir que o sujeito revolucionário é indefinível, em especial porque se o definíssemos retiraríamos dele a rebeldia. Certamente, jamais definimos adequadamente, porque fenômeno tão complexo nunca caberá em esquemas categoriais ordenados. Mas definir é preciso, pois, não definindo, não manuseamos. Ao reconhecer que nossas definições são **relativas**, não significa que são **relativistas**. A ideia de relatividade implica uma noção de estrutura dissipativa, no sentido de que, em sociedade, as coisas só podem valer relativamente, mas nem por isso deixam de valer. De um lado, está a expectativa fundamentalista de validades absolutas, transcendentais, universalistas, que hoje já não conseguimos sustentar. Aí está a ideia marxista do proletariado como sujeito revolucionário único, insubstituível, definitivo, não só à revelia da história concreta, mas igualmente da possibilidade epistemológica. Tamanha certeza a ciência não forja. De outro lado, está o relativismo de estilo pós-moderno, segundo o qual já nada se define a contento, implantando-se o vale-tudo. No meio está a relatividade da vida, da sociedade, da natureza, da ciência. Nesse âmbito mais modesto e sempre aberto, é possível falar de sujeito revolucionário definível, não como dogma, mas como possibilidade histórica real.

A crítica a Foucault, embora detenha visível interesse, passa ao largo de uma contribuição importante e que fundamenta com propriedade o conceito de antipoder, ao reconhecer que a dinâmica do poder nunca é linear, unitária, apenas de cima para baixo (Foucault, 1979, 2007; Boyle, 2010). Weber, por exemplo, definiu obediência como alinhamento completo do obediente ao mandante, a ponto de aquele assumir como comportamento próprio o comportamento do mandante (Demo, 2002a). Poder aí só tem a dinâmica de cima para baixo. No caso extremo, exigindo obediência cega, já não se teria parceiro de relacionamento, mas apenas objeto cego. Foucault mostrou, seja nas artimanhas do poder dissimulado, seja na multiplicidade de resistências, que nunca o outro lado – o de baixo – é acessório. É constitutivo da dinâmica, por mais que seja típico do poder linearizá-la até onde possível. Nunca o consegue de todo, porque se trata de dinâmica complexa não linear. Foucault não emprega essa terminologia atual, mas a sinaliza claramente, abrindo o espaço para o antipoder. Este é tão real que pode tornar-se o poder e aí, já provocando, de novo, antipoder. Isso, com certeza, deveria preocupar muito mais do que a pretensão de liquidar com o poder. A obsessão de tomar o poder é tão frequente na história humana, que não se pode fugir à pergunta das revoluções traídas. Em certo sentido, Holloway, constatando a traição das revoluções, conclui que todas só podem ser traídas. No plano da utopia, todas são traídas, mas no plano da realidade algumas são mais, outras são menos traídas, dependendo da circunstância histórica. Todas as sociedades, em nome do ideal de igualdade, são miseráveis, mas no plano das possibilidades históricas concretas, há as mais e menos palatáveis. Provavelmente é preferível, para muitas pessoas, viver em uma democracia sueca a viver em uma democracia americana, por mais que ambas sejam muito defeituosas, em particular a americana. Não segue que tomar o poder deveria ser varrido do mapa. Assim como é legítimo postular relações sociais não eivadas de poder em nome da utopia da igualdade, não é menos legítimo preocupar-se com a obsessão da tomada de poder. O abuso do poder não implica sua liquidação, mas sua democratização.

Embora seja adequado colocar-se o desafio de acabar com o poder, não se pode perder a oportunidade de colocar o desafio de como inventar formas de poder mais democráticas, porque certamente essa última preocupação é mais próxima e realista. Isso não faz dela a única saída, porque, entre outras mazelas, detém a noção sempre ambígua de poder que pretende regenerar o poder. Essa ambiguidade, contudo, é intrínseca, também, à tese da derrubada total do poder, porque para tanto é necessário enorme poder. Esse enredamento hermenêutico não pode ser visto como problema, porque é condição da linguagem humana, no plano semântico. Seria difícil falar de poder fora do poder, até porque falar já implicaria poder. Teríamos de inventar linguagem totalmente isenta de poder, o que fere a noção de politicidade humana. Dentro dessa noção, que representa não mais que expectativa de realidade e de sua explicação, acabar com o poder seria algo pouco imaginável, constitutivo que é da tessitura humana. No longo prazo – em sentido evolucionário – é sempre possível alegar que a natureza poderia criar seres que não se alinhassem hierarquicamente. De certa maneira, a evolução mostra algo semelhante, ao inventar animais predadores e outros muito mansos, praticamente inofensivos. Não é assim que tudo se reduza a comportamentos predatórios, embora estes apareçam sempre mais. Mas é imprudente não contar com impulsos predatórios. Estes não são eventuais, mas seriam histórico-estruturais, já que, como alega com veemência Morin (2002), o ser humano é *Homo sapiens demens*.

Colocamos aqui porfia entre hipóteses apenas. Como hipóteses, todas podem ser lançadas, em particular perante a utopia, que sendo infinitamente aberta, admite todas as modulações imagináveis. Perante a realidade, porém, cabe o que é possível, viável, praticável. Mudar o mundo sem tomar o poder parece pouco praticável. Seria mais útil propor como cercar ainda mais o poder revolucionário para não desandar nas mesmas mazelas antes criticadas. O que mais haveria de preocupar não é acabar com o poder – parece veleidade, pelo menos por enquanto –, mas como democratizar cada vez mais e melhor o poder, de tal sorte que o bem comum prevaleça. Assim como é trágico que a revolução acabe traída, não é menos trágico que a utopia acabe em utopismo. A porfia entre hipóteses não desfaz a oportunidade da hipótese de Holloway (2003), porque é de todo oportuno questionar o poder, também radicalmente. O mérito deste autor está em resgatar o conceito radical de utopia, tipicamente negativo, apostando em mudanças estruturais de rara profundidade. Sua mensagem mais forte é que basta de reformas e brincadeiras revolucionárias que se esgotam na tomada de poder. Esta sociedade e este sistema produtivo se esgotaram. Trata-se de inventar outros, não remendar o que não vale mais a pena (Stiglitz, 2002).

Um problema dos mais intrigantes, embora absolutamente normal, é a fácil transformação de revolucionários em reacionários. Holloway perde a oportunidade de analisar esse desafio, porque está excessivamente fascinado com a ideia de não mais tomar o poder. Por que inovadores não se inovam? Talvez uma possível resposta seja: "Porque, pretendendo gerir suas próprias inovações, as institucionalizam como objetos de conservação cuidadosa". O ideal não parece ser que os próprios inovadores gerenciem as inovações, mas deixem isso para outros, enquanto eles deveriam permanecer no horizonte da utopia ou do pensamento negativo. A revolução gerenciada (Souza, 2004) é a versão mórbida da pretensão de assenhorear-se da mudança e fazer dela seu troféu particular. Em termos institucionais aparece, de vez em quando, a ideia de programar a revisão ou mesmo a inovação mais profunda de processos, como é, por exemplo, uma constituição. A nossa Constituição (1988) previu ser revista em dez anos, mas, à época (1998), essa ideia foi banalizada sem qualquer avaliação, ficando tudo como estava. Faz muito sentido que toda instituição devesse ser abalada, de vez em quando, por inovadores externos que não tenham compromisso com seu passado. Isso caberia, por exemplo, à universidade, que sempre proclama ser inovadora, mas resiste bravamente a mudanças. Supina contradição (Duderstadt, 2003).

Sociologicamente, pareceria normal que, estando o revolucionário no poder, ele cuidasse mais do poder do que da mudança. Não se trata necessariamente de mau caráter, porque é natural que, olhando o poder de cima para baixo, conservá-lo seja o primeiro gesto. Mas não é menos sociológica a percepção crítica contrária do olhar de baixo para cima: o poder só se inova quando abalado. Seria fundamental institucionalizar não só a rotina do poder, como, principalmente, os abalos. Parece contradição, porque abalo institucionalizado já não abala ou não abala tanto. Mas seria estratégia pertinente para manter a inovação em processo de inovação. Holloway tem sua razão quando indigita a tomada de poder como enterro da revolução, porque seus ideais acabam sucumbindo à trama do poder. Entretanto, se, por hipótese, poder é fenômeno histórico-estrutural, não caberia pretender exterminar, mas democratizar, buscando formas de preservar o bem comum acima dos privilégios particulares.

capítulo III

Conhecimento rebelde e enquadrado

Discutindo o tema **imortalidade**, Bova reconhece na sociedade a dialética de movimentos contrários em face da mudança.

> *As instituições humanas são inerentemente conservadoras. Lei, religião, costumes sociais, todas as instituições humanas estão enraizadas na necessidade de prover base firme e estável para as interações sociais. Como sistemas biológicos, as sociedades humanas buscam fazer o melhor possível para evitar mutações e guardar as formas básicas intactas... Mas há uma instituição humana que não é conservadora. Esta instituição é a ciência. Por sua própria natureza, a pesquisa científica está sempre mudando a sociedade ao descobrir novas coisas, inventar novas ideias. Enquanto todas*

> *as outras instituições são essencialmente voltadas para trás, tentando preservar o passado, a pesquisa científica está inerentemente voltada para frente, buscando o futuro, tentando achar o que poderia existir depois da próxima colina.*
> (Bova, 1998, p. 244)

Os estudos de Kuhn (1975) sobre a estrutura das revoluções científicas não abonariam assim tão facilmente essa expectativa em torno da produção científica institucionalizada, tendo em vista que ciência institucionalizada tende a manter apenas inovações que confirmem o paradigma vigente. Tornada escola, inclina-se a apegar-se ainda mais a patrimônios institucionais, sem falar em líderes carismáticos que, ao contrário do discurso em torno da importância da pesquisa crítica, detêm facilmente a última palavra e não são contestados.

Entretanto, sendo um tipo de movimento dialético, a institucionalização produz, de um lado, a segurança e regulação esperada para tempos tranquilos e cada vez menos produtivos (tendência estéril na análise de Zittrain, 2008) e, de outro, seu próprio túmulo: não ocorrendo mais inovação importante, a escola se esvazia e fica na história como referência ultrapassada. Bova (1998) pode ter razão com respeito ao conhecimento, quando considerado dinâmica desconstrutiva e reconstrutiva indomável, de teor complexo não linear (Demo, 2002a), responsável, em grande parte, pelas transformações históricas das sociedades, até chegar hoje à assim dita sociedade intensiva de conhecimento (Duderstadt, 2003; Castells, 2004; Amsden, 2009; Veen; Vrakking, 2006; Mossberger; Tolbert; Stansbury, 2006).

O lado disruptivo do conhecimento se torna mais visível nas tecnologias, tendencialmente rompedoras de paradigmas, tanto assim que até hoje preferimos classificar as eras por suas tecnologias mais importantes (pedra, ferro, bronze, agricultura, motor a vapor, eletricidade, computador...). Corre-se o risco de determinismo tecnológico, em especial quando alinhado à noção de infraestrutura, tornando facilmente a superestrutura algo derivado e secundário. Mas é claro que as tecnologias – a exemplo das TICs – podem abrigar impactos profundos, obrigando a rever e superar paradigmas anteriores, ainda que todo corte histórico seja naturalmente histórico (não é corte absoluto) (Moody, 2001).

Essa dialética contém, ademais, ambiguidades sonoras. O mesmo conhecimento usado para romper paradigmas pode ser usado para petrificá-los, razão pela qual também se fala de revolução conservadora, aquela que pretende girar a roda da história para trás (digamos, restaurar a monarquia no Brasil).

O lado conservador mais notório da produção de conhecimento é sua versão modernista, por conta do conluio ontológico e epistemológico:

i) postula-se que a realidade é fenômeno linear, analiticamente decomponível em camadas subjacentes, até se chegar ao fundo final (antiga teoria atômica, que achava ser o átomo o último passo para baixo);

ii) a natureza, mesmo evoluindo, é apenas replicativa, ou seja, é regida por leis que o próprio Marx descrevia como "de bronze" (Demo, 1995);

iii) ao fundo, essa realidade seria simples, o que permitiria uma "teoria de tudo"* (Barrow, 1994; Gribbin, 1998), tal qual uma fórmula universalmente válida;
iv) assim, para uma realidade, no fundo simples, caberia um modo simples de analisar e explicar;
v) por ser linear, a realidade é decomponível em partes subsequentes, não sendo maior que a soma delas (Demo, 1995);
vi) no paradigma lógico-experimental, o método científico procede pela formalização rígida, de estilo matemático, à cata de leis.

Esse paradigma teima em não perceber que a realidade é intensamente dinâmica, não estática, por conta da ditadura do método. Mas a dificuldade maior de mudança de paradigma está em seu êxito retumbante, em especial em suas tecnologias. O positivismo tem sido muito produtivo, mais que qualquer outra metodologia, ainda que se possa prever que, entrando em cena cada vez mais paradigmas da dinâmica dialética, sua revisão/superação será inevitável.

Tudo depende do que se entende por conhecimento. Podemos entender conhecimento como diz a Bíblia, no relato do Gênesis. Adão e Eva comeram da árvore do conhecimento, porque queriam ser como deuses. Pensava-se que conhecimento seria propriedade divina, proibida aos humanos. Comendo da árvore do conhecimento, seus

---

* A teoria de tudo, *everything theory*, tem a pretensão de produzir uma explicação final da natureza como um todo, de preferência através de uma fórmula matemática simples.

olhos se abriram, indicando que a alma do conhecimento é saber questionar. Não deixa de ser marcante que a Bíblia comece com um relato sobre os riscos do conhecimento disruptivo, supondo que o ser humano, de resto, tão frágil e passageiro, detém habilidades inovadoras assustadoras, hoje mais que comprovadas nas engenharias biológicas e digitais. Podemos, porém, também entender conhecimento como quer a academia tradicional: acumulação de resultados consolidados, produzidos por alguns pesquisadores mais dotados ou geniais e que os outros companheiros acadêmicos devem preservar. Até hoje predomina entre nós esta ideia, que denomino instrucionista, porque dedicada a transmitir conhecimento, não a produzi-lo (Demo, 2002a). Esse instrucionismo é o cerne das universidades e escolas, consubstanciado na aula reprodutiva e na apostila a ser seguida (modelo ibérico de universidade de ensino).

Novas epistemologias

Tomando como referência a Wikipédia, analiso seu desafio de produzir conhecimento por meio da edição livre feita por colabores anônimos multiplicados. A Wikipédia começou em 2001. Em oito anos de existência, tornou-se uma enciclopédia livre de porte incrível (Wikipedia, 2010), congregando a dedicação gratuita de milhares de pessoas para editar textos sob a égide da liberdade de expressão. O mote central era: "Todo mundo pode editar", sinalizando liberdade irrestrita de autoria individual e coletiva – no plano individual, todos podem apresentar seu texto e/ou fazer mudanças nos textos existentes; no plano coletivo, nenhuma autoria individual é soberana, valendo o texto coletivamente urdido e sempre aberto. Havia a expectativa, em geral fundada na proposta de *crowdsourcing* (Howe, 2009; Surowiecki, 2004) ou de *smart mob** (Rheingold, 2002; Tapscott; Williams, 2007), de que o concurso de uma massa crítica numerosa produziria, em sua própria dinâmica e sem hierarquias, conhecimento de suficiente qualidade (Lih, 2009; O'Neil, 2009).

Por trás está a teoria biológica da emergência, segundo a qual na natureza constrói e reconstrói novos seres e dinâmicas a partir de estágios anteriores menos sofisticados, em parte chamados pelos internautas de *remix* (Weinberger, 2007; Latterell, 2006; Lamb, 2010). Assim teria surgido a vida em suas múltiplas formas, bem como da massa cinzenta surge pensamento: emerge de uma base material para aparecer como dinâmica imaterial (Edelman; Tononi, 2000). De algo mais simples pode resultar extrema complexidade (Wolfram, 2002) e sem comando central (Johnson, 2001; Holland, 1998; Wright, 2000). Do caos pode provir a ordem, como sugere Holland (1998), em processo de criatividade crescente, ainda que na natureza, em si, nada se crie do nada. Ela cria do que existe, reconstruindo indefinidamente. Essa expectativa é parte da construção da Wikipédia, referida também como efeito-piranha ou *"stigmergy"***, noções da pesquisa biológica para descrever comportamento de vespas e cupins, ao construírem coletivamente estruturas complexas; o produto do trabalho prévio, em vez de comunicação direta entre

---

* *Crowdsourcing* – agregação de conhecimento a partir da multidão.
** Do grego: *stigma* (sinal) e *ergon* (ação).

os construtores, induz e direciona como tais insetos realizam trabalho adicional, sem comando central de cima para baixo. Ocorre algo similar na Wikipédia: cada editor retoma o trabalho anterior e assume direcionamento para continuar, redundando, ao final, em um texto aprimorado.

De posse de *software* (Wiki) que faculta edição livre de texto e apostando em tais expectativas teóricas, a Wikipédia iniciou uma façanha inédita e estrondosa, apresentando, em 2008, por volta de 10 milhões de textos em mais de 200 línguas. Nesse tempo, ocorreu uma fábrica excitada e incomensurável de textos, mostrando o lado fantástico da cooperação humana, a ponto de alguns teóricos verem novo modo solidário de produção (Benkler, 2006). Sendo gratuita a contribuição na Wikipédia, chama a atenção que tanta gente encontre motivação, por vezes devota e desinteressada, a tal empreendimento coletivo. No entanto, as promessas de liberdade de expressão foram, aos poucos, sendo restringidas, em parte, por causa dos seus abusos (o preço da liberdade é seu abuso), em parte para organizar melhor o processo produtivo e garantir padrões mínimos de qualidade acadêmica. A rebeldia do conhecimento se submeteu crescentemente a ritos de enquadramento, sugerindo que a Wikipédia também expressa ambiguidades comuns a projetos coletivos que se querem libertários: forjados para captar e potencializar a contribuição livre de todos, somente avançam e se consolidam sob crescente regulação da participação, das atividades e das instituições. O exercício coletivo da liberdade implica seu cerceamento, em nome do bem comum. Uma clássica unidade de contrários...

A Wikipédia conclama a sociedade em geral para produzir conhecimento. Nunca se viu isso antes, pois produzir conhecimento sempre foi atividade reservada, preservada, censurada (Shattuck, 1996; Rescher, 1987), tendo como patrulheiros os especialistas e as entidades que os abrigavam. Relembrando o relato do Gênesis, sobre o pecado do conhecimento, a mensagem era similar: quem sabe pensar está acima dos outros e pode até mesmo se rebelar contra seu criador. O conhecimento seria, em si, a centelha divina que perdura na mente humana, mesmo depois do pecado. Os representantes de Deus foram, no modernismo, substituídos por representantes do conhecimento, tendo como pastores maiores os doutores e como igreja central a universidade (Collins, 1998; Demo, 2004b; Andrew, 2009). O conhecimento é energia tão fundamental e disruptiva que a sociedade se preocupa também em domesticá-la, já que se teme a quem sabe pensar, porque saber pensar não é só questão de inteligência, é também de poder. Não se teme a um pobre com fome, que facilmente se acomoda ao receber comida. Teme-se a um pobre que sabe pensar, porque questiona o sistema que o faz pobre. Esse contrapoder aparece na história humana em iniciativas de excluídos que conseguem confrontar-se com seus opressores (Freire, 2006), passo indispensável para não esperar a libertação do próprio opressor (Demo, 2007). A emancipação exige a habilidade de se confrontar, no sentido de saber questionar a condição dada, tomar o destino em suas mãos e virar a história: a energia vital desta virada é saber pensar (Demo, 2010a). Faz parte do saber pensar fazê-lo em liberdade: a mente livre é sua casa. Por isso, liberdade acadêmica sempre foi fundamento intocável da educação e da universidade e dos intelectuais em geral. Nisso igualmente são temidos, porque daí provém o questionamento do *status quo*, ainda que esse questionamento possa ser apenas intelectual. A mente humana tem, entre suas capacidades, a de nunca estar satisfeita, porque saber pensar implica igualmente saber ir além do que está dado e especular, imaginar, fantasiar o que poderia ser (utopia). Disso provêm as tecnologias, signo maior de um ser que não se basta. Tal qual reza a Bíblia, quer ser Deus, como aparece frequentemente na ficção científica: capacidade de manipular o mundo e suas leis para poder fazer o que bem entende.

Essa rebeldia tem seu lado sombrio. **Primeiro**, como se alega em sociologia, o revolucionário de hoje tende a ser o reacionário de amanhã, desde que chegue ao poder. Já cansamos de ver isso na história (Holloway, 2003). Quem sabe pensar, nem sempre gosta que outros também saibam pensar. **Segundo**, questionar dificilmente vem acompanhado de autoquestionar-se. A hipocrisia corrói as entranhas do saber pensar, tornando-o autodefesa e artimanha. Bastaria observar os procedimentos de antigos escribas e pajés, e do abuso do saber especializado hoje. O sistema educacional, em grande parte, abriga a artimanha do domínio das mentes (Demo, 2004b), por meio de procedimentos disciplinares, acerbamente criticados por Foucault (2007). Por ser autorreferente e não permitir acesso externo direto, a mente humana facilmente se apresenta como habilidade dúbia: o que está na mente do outro se pode, no máximo, induzir, não saber. Ao mesmo tempo em que podemos produzir conhecimento de qualidade e também compartilhá-lo com os outros, podemos, não menos, apropriar-nos desta produção, ou deturpá-la, manipulá-la em proveito próprio. Segundas intenções frequentemente são as primeiras. A mente humana não é equipamento que procede de maneira neutra, objetiva, porque não se porta como expectadora, recipiente, absorvedora, mas como dinamicamente participativa daquilo que entra na mente. Entender a realidade não é fazer dela cópia, representação direta, mas reconstruir imagem sob risco. Como sugere a autopoiese, torna-se quase impossível distinguir entre realidade e alucinação (Maturana, 2001), pois o critério de distinção poderia estar alucinado. Do que está na mente instância primeira é a própria mente, ainda que, vivendo em sociedade, surja sempre a possibilidade natural de coordenação das mentes, resultando disso percepções socializadas do que é realidade. Na prática, não vemos as coisas como são, mas como somos (Demo, 2010a).

A mente é dinâmica manipuladora da realidade, ao trabalhar com percepções construídas de maneira autorreferente. A manipulação possui igualmente seu lado não acessível à própria mente, já que esta, no processo evolucionário e cultural, não se inventa. Não inventamos, por exemplo, a linguagem, a recebemos no contexto da cultura dada e da qual somos parte e usuários, em parte também usados. A mente não inventa o que quer, mas o que é viável evolucionária e culturalmente. Isso não desfaz sua capacidade criativa, mas a circunstancia em dinâmicas relativas, como aludia Barthes, com a tese da morte do autor, criada em

1968. A visão socrática do conhecimento pode ser corretivo pertinente: quem sabe pensar, sabe, sobretudo, que não sabe tudo; precisa, antes de tudo, questionar o saber pensar. Isso não resolve a questão, como se a mente pudesse saber-se por inteiro, mas permite avançar com cautela e coordenar-se melhor com outros modos de saber pensar. A face mais interessante desse imbróglio é a arte de interpretar (Foucault, 2004; Gadamer, 1997), reverberando o lado sempre original da mente: embora nenhuma seja evolucionária e culturalmente original, é em sua individualidade e subjetividade, não havendo, jamais, duas interpretações iguais, mesmo quando se trata do mesmo sujeito. Por exemplo, se perdemos um texto digitado no computador e tivermos, depois, de refazê-lo, não há a menor chance de que possamos repor o mesmo texto. Será outro texto, por mais similar que seja. A mente humana é de tal modo plástica, jeitosa, criativa que produz música, poesia, piada, arte, e também ciência e matemática.

A evolução da Wikipédia ilustra, vivamente, uma proposta de produção de conhecimento mais visivelmente conturbada e criativa, em parte retomando desiderato antigo da enciclopédia (reunir todo o conhecimento humano disponível), em parte refundando a epistemologia, tornada, agora, de acesso generalizado. Para a academia é um horror admitir epistemologia popular, já que maestria metodológica é seu fundamento último, sobretudo porque domínio de matemática e estatística, lógica e filosofia da ciência, pesquisa de laboratório lógico-experimental supõem habilidades sofisticadas, para poucos. A aposta na *crowdsourcing* é, certamente, dúbia, até porque a discussão em torno desse tipo de emergência está longe de um amadurecimento razoável, mas tem a seu favor grandes experimentos exitosos, em particular a Wikipédia. No mínimo, isso desvela que conhecer não é propriedade de algumas mentes privilegiadas, mas de todo cérebro desenvolvido em condições normais. Se alargarmos o conceito de conhecimento para incluir ainda fenômenos como sabedoria, bom senso, percepções religiosas, intuições etc. (Santos, 2009; Santos; Meneses, 2009), torna-se ainda mais claro que conhecimento científico eurocêntrico é uma expressão entre outras, faltando-lhe frequentemente sabedoria, bom senso e outras virtudes de cabeças não menos iluminadas, mas sem doutorado.

Marca pertinente dessa evolução é a descoberta generalizada de que conhecimento se constrói, não se reproduz, seguindo propostas reconstrutivas já clássicas, contra o instrucionismo vigente. Embora a internet sirva **também** – muitos diriam **sobretudo** – para plágio, o desdobramento da *web* 2.0 empurra os participantes a apresentarem texto próprio, sublinhando a importância da autoria (Exploring Wikis, 2010; Feris; Wilder, 2006; Mader, 2016a, 2016b). Trata-se de uma mudança profunda, que instabiliza nossas instituições escolares e docentes acostumados à aula reprodutiva. Descobrimos que aula sem autoria é plágio, plágio dos plágios, porque é de professor (Jacob; Levitt, 2010)! Ecoando o desafio da sociedade intensiva de conhecimento, tornando-se este o capital mais decisivo, a habilidade de reconstruir conhecimento comparece como alavanca primária das oportunidades de desenvolvimento, também no mercado. É compulsória a propensão de caracterizar conhecimento como comodidade, já que computador e internet são, hoje, presas do mercado liberal (Hassan, 2008; Castells, 1997). Mas, como diz Benkler (2006), as pessoas acalentam outras motivações na vida que não sejam apenas lucro e vantagem individual. Do ponto de vista do educador (Demo, 2009a), a importância do conhecimento se avalia pela capacidade de interferir na qualidade de vida, em especial na potencialidade da autoria e da autonomia. Conhecimento crítico e criativo não só produz oportunidades, mas, principalmente, faz de quem conhece sua própria oportunidade, à medida que o torna capaz de arquitetar, em parte, sua história (Schaffert, 2010; Scardamalia; Bereiter, 2010; Davies, 2010; Leuf; Cunningham, 2001; Pierroux et al., 2010).

Nesse contexto, novas epistemologias significam que os produtos de autoria são, tipicamente, um *remix* (Weinberger, 2007; Latterell, 2006), ou seja, novidades feitas de coisas já preexistentes. São, pois, novidades relativas e, por isso, também factíveis por pessoas não expertas. Não se espera que o editor da Wikipédia tenha as virtudes de Einstein; espera-se que saiba reconstruir materiais existentes, impondo-lhes formatos refeitos e abertos a outras reconstruções. De fato, bem pensando, todas as ideias, por mais brilhantes que possam ser, são *remix*, porque nenhuma ideia nasce do vazio, do nada (Ebersbach; Glaser; Heigl, 2006; Vaughan, 2010). Nasce culturalmente circunstanciada, com precedentes decisivos e se manterá produto aberto a inovações posteriores. Não há, pois, originalidade absoluta ou final, mas relativa, sempre tão possível quanto não definitiva. Essa percepção lançou outra luz sobre o papel das teorias, epistemologicamente falando. Sendo todas *remix* – teorias são feitas de outras teorias, nem que seja para rejeitá-las – não é o caso adotar, mas usar. Não são objetos sagrados, amuletos de expertos, mas contribuições com prazo de validade. Nenhuma teoria é final ou completa, por mais importante que possa ser. Não se trata de depreciar as teorias, pois não produzimos conhecimento nem arquitetamos práticas criativas sem elas, mas são instrumentais. A geração digital assim vê as teorias: artefatos úteis e que são feitos para serem desfeitos. Obviamente, há o lado sombrio do *remix*, quando se restringe a plágio ou a aula instrucionista (Foreman, 2010; Hargadon, 2010; Carlson, 2010). Aparece na mania centenária de "repassar" conteúdos curriculares, atrelar-se a apostilas canônicas, repetir caninamente autores.

No entanto, o lance mais criativo das novas epistemologias foi a redescoberta da autoridade do argumento (Demo, 2005a) em ambientes da *web* 2.0. Sendo a edição livre, nenhum texto é definitivo. Aparece o lado discutível do conhecimento, não como fraqueza, mas como virtude da abertura criativa. Realça-se sua potencialidade disruptiva, avessa frontalmente ao argumento de autoridade. Nas plataformas virtuais, todo autor é, por definição, discutível – se tentasse negar isso, poderia se tornar tanto mais ridículo, como, por exemplo, exigir num *blog* apenas elogios. Ainda que a ideia habermasiana da esfera pública tenha recebido muitos reparos (Fraser, 1992; Froomkin, 2010; Calhoun, 1992; Dahlberg, 2010), a *web* 2.0 lhe deu grande razão no que concerne à força sem força do melhor argumento (Habermas, 1989, 1991). Também parece não ter vingado a noção de comunicação não estratégica, por ignorar a politicidade da comunicação social, mas acabou bem apreciada a noção de verdade como pretensão de validade. Essa relativização do conhecimento – que alguns confundem com relativismo muito equivocadamente – reacendeu a percepção da dinâmica disruptiva do conhecimento, apreendida em sua própria abertura irreversível.

Na *web* 2.0, todo conhecimento é discutível, bem como todo autor. Conhecimento inovador não é aquele que vai derrubando barreiras e colocando muros definitivos, mas aquele que, antes de tudo, inova-se todo dia. Questionar é bom; autoquestionar-se é ainda melhor. Participantes de plataformas digitais precisam aceitar serem contestados, ouvir os outros com a mesma atenção com que desejariam ser ouvidos, comportar-se de modo cavalheiresco para não ter de escutar impropérios, ver participação como ambiente igualitário, sempre de mão dupla (Augar; Raitman; Zhou, 2010). Surgiu uma epistemologia amplamente formativa, base da cidadania que sabe pensar. Esta não vocifera, e sim grita, impõe, agride. Apenas argumenta bem, fundamenta bem, sem pretender fundamento último (Demo, 2008a; Roth, 2010).

À sombra da autoridade do argumento podemos ressaltar ainda outra marca fundamental e disruptiva dos textos digitais: tornaram-se definitivamente **multimodais**, centrados principalmente na imagem (Kress, 2002; Kress; Leeuwen, 2001; 2005). Essa mudança parece assemelhar-se a outras duas do mesmo teor: a introdução da escrita, à época de Sócrates, e da imprensa, com Gutenberg. Antes, prevaleciam modos estabilizados de procedimentos acadêmicos, a oralidade ou a escrita à mão, não faltando sempre críticas acerbas a tais mudanças, inclusive de Sócrates*. A academia atual resiste a introdução da imagem e do filme, por exemplo, em dissertações e teses, porque mantém da imagem a noção de ilustração, não de argumento propriamente dito. Como alegam Kress e Leeuwn (2005), a imagem tem outra dinâmica, mais claramente não linear, enquanto texto escrito é linear: de cima para baixo, da esquerda para a direita, frase por frase, página por página... Trata-se de peça

---

* Veja análise de Sutter (2002, p. 73), sobre restrições de Sócrates à escrita, no Fedro de Platão, referindo-se a uma história escutada no Egito: Tot, deus inventor, é questionado por Amon, deus supremo: "Tua invenção produzirá o esquecimento nas mentes dos que aprenderem a usar, pois deixarão de praticar suas memórias. A confiança deles na escrita, produzida por caracteres externos a eles, desencorajará o uso de suas próprias memórias internas. Tu inventaste uma receita não para a memória, mas para a recordação; e estás oferecendo a teus discípulos uma sabedoria aparente, não a verdadeira sabedoria, pois irão ler muitas coisas sem o auxílio de um mestre e, por isso, parecerão saber muitas coisas, quando na verdade são na maioria das vezes ignorantes, uma vez que não são sábios, mas apenas parecem ser sábios". Pode surpreender que uma figura tão emblemática como Sócrates resistisse à introdução da escrita e com argumentos recorrentes em todos os grandes saltos tecnológicos: levariam à mediocridade. Não é diferente da resistência de hoje às novas tecnologias: a internet promove o plágio e a mediocridade dos estudantes (Bauerlein, 2008; Tapscott, 2009).

sumamente ordenada, correspondendo aos rigores lógicos e formais. A imagem não tem centro nem hierarquia, pode ser decomposta em pedaços digitais, pode entrar em movimento, tornando-se outra via da reconstrução da realidade, como são vídeos, filmes, paródias, charges, *slides* etc. O maior conflito está no fato de que a imagem, sendo reconstrução totalizante e dinâmica, não se encaixa bem em procedimentos formais analíticos. Enquanto a análise decompõe a realidade em partes, a imagem recompõe em configurações abrangentes, móveis, dinâmicas. Há cálculos precisos, não imagens exatas (ainda que, quando digitalizadas, admitam a "precisão" digital). A Wikipédia não é um bom exemplo, pois a imagem ainda é apenas ilustração. Mas algumas experiências da *web* 2.0 usam fartamente material imagético, em geral preferido ao escrito. Pareceria cada vez mais claro que, para dar conta da dinâmica da realidade, não apenas de sua estática ou do lado estático da dinâmica (Massumi, 2002), o uso da imagem em movimento talvez fosse preferível.

Utopias digitais

A utopia é a criação constante na história humana de mundos alternativos que, embora irrealizáveis (são idealizações), fazem parte da realidade em sentido negativo: são fonte permanente do questionamento do que aí está. Por exemplo, aquela cidadania perfeita, na qual todos se organizam e participam, e controlam eximiamente os mandantes, não existe na prática, mas dela retiramos a força para continuar lutando por cidadanias mais qualitativas. Entendo por utopismo a pretensão descabida, em geral ditatorial, de implantar utopias na prática, como, por exemplo, tratar a todos de modo perfeitamente igual. O resultado ditatorial é que, desconhecendo as diferenças, trata-se de modo igual gente diferente, redundando em injustiças ainda maiores. Faz parte do utopismo também considerar situações históricas como ideais, obscurecendo sua relatividade e incompletude, servindo como exemplo recorrente a expectativa vastamente proclamada nos Estados Unidos de a melhor democracia do mundo (Friedman, 2005).

A Wikipédia guarda uma utopia notável, maravilhosa, sensacional e que galvaniza milhões de contribuintes, mas vira utopismo, quando se apresenta como modelo cabal de enciclopédia ou ignora suas ambiguidades na construção e na institucionalização do projeto (Mehgan, 2010; Viegas, 2010; Wattenberg; McKeon, 2010. Villano, 2010). Longe de uma comunidade apenas orientada pela cooperação de boa-fé, ela oferece o espetáculo dantesco de vandalismo insistente e de disputas dramáticas por poder, mostrando que rivalidades a constituem também. O abate da autoridade é *slogan* retórico e serve para encobrir entendimento conveniente (farsante) do exercício do poder. Se Foucault estivesse vivo, iria divertir-se às gargalhadas com tais ambiguidades, por mais que se possa criticá-lo de obsessão demasiada pelo tema e principalmente pela pretensão de monopólio do espírito crítico (O'Neil, 2009; Spariosu, 2005, 2006). De certo modo, foi o que Bourdieu fez (1999), com percepção aguçada da dominação em sociedade e suas artimanhas. De fato, ainda que não seja o caso transformar poder em obsessão analítica, como ocorreria em sociologia (Demo, 2009b), não se escapa de reconhecer que é um tema sufocante. Se não gostamos do tom de certa defesa da autoridade legítima em Weber (1978), porque nos atrai o canto da sereia da comunidade sem autoridade, uma percepção (mais) realista do processo de socialização sugere que poder faz parte da estrutura social das sociedades conhecidas. Na dialética histórico-estrutural (Demo, 1995), tento compor essa ambiguidade angustiante para a análise sociológica: de um lado, sociedade é dinâmica histórica, tanto por ser parte da natureza sempre em vir a ser como por ser parte de fenômenos históricos, todos marcados pela passagem, pela provisoriedade e pela incompletude. Isso permite asseverar que poder é sempre dinâmica natural e histórica: periclitante, temerosa e temerária, sujeita a mudanças constantes, nunca completa e definitiva. Todos os poderosos passam, mesmo que durem muito, também expressões multimilenares como o patriarcalismo. De outro lado, poder é parte da estrutura da sociedade, componente recorrente de suas dinâmicas, um dos pilares em torno dos quais as dinâmicas se fazem e desfazem (Dahlberg; Siapera, 2007; Johnson, 2010).

As teorias do caos estruturado (Demo, 2002a) sugerem que mesmo uma dinâmica caótica revela alguma estrutura: toda dinâmica apresenta recorrências e que são mais bem estudadas pela ciência que, por conta do método, aprecia o que é invariante nas dinâmicas; acaba estudando o que não é dinâmico nas dinâmicas (Massumi, 2002). Na natureza e na história, há modos de ser e modos de vir a ser, o que permite teorizar sobre regularidades ou recorrências, ainda que esse ordenamento, como diz sarcasticamente Foucault (2000), seja produto mental. Essa percepção permite engolir que o poder é uma das estruturas sociais com as quais sempre nos deparamos, sendo mais ajuizado partir dele do que prometer sua extinção, até porque analistas ou revolucionários que assim procedem (querem acabar com o poder) sempre morrem antes. Esse reconhecimento é arriscado, porque facilmente pode desandar em promoção do poder, tomando-o como imutável, intocável. É preciso, então, segurar nas mãos duas rédeas dialéticas – histórica e estrutural – para podermos cavalgar uma dinâmica complexa não linear de maneira mais aproximadamente realista.

Os wikipedianos facilmente se enrolam em discursos utopistas e salvacionistas, conduzidos por pretensões utópicas em si interessantes (Bryant; Forte; Bruckman, 2010). É fenômeno de rara beleza a interatividade na internet, na qual todas as relações e clivagens pareciam aplanar-se (Friedman, 2005) e que proporcionou chance incrível de construção de conhecimento a infinitas mãos. A participação de todos (desde que tenham computador e internet!) representa a riqueza das redes (Benkler, 2006) e um estilo de sociedade informacional (Castells, 1997) que pode abrir grandes avenidas para processos participativos legítimos e produtivos. A isso acresce a devoção da geração net, marcantemente embasbacada com o mundo virtual e que lhe faz parte cada vez mais, sem volta (Tapscott, 2009; Winograd; Hais, 2008), introduzindo em suas vidas estilos alternativos de cooperação em grande dimensão (Oblinger; Oblinger, 2005; Varnelis, 2008). A questão é não perder de vista a montanha de problemas que também arranjamos, seja porque a internet é igualmente um "lixão", seja porque é bem possível estar só na multidão virtual (Song, 2009), seja porque, entre interações positivas, há outras destrutivas, balançando entre "tecnofilias" e "tecnofobias" (Demo, 2009d). Como o mundo virtual é tramado por dinâmicas ambíguas e dialéticas, não cabe só apreciar ou só detestar, mas tomar como unidade de contrários. A Wikipédia declama, naturalmente, suas virtudes em nome de suas utopias, mas tende a ignorar impasses, contradições, tumultos, para fazer uma boa figura, por vezes em flagrante hipocrisia. Poder abriga tendências hipócritas incontidas, porque precisa aparentar – para os incautos – que só quer seu bem. Seus líderes carismáticos, ironicamente chamados de *ditadores benevolentes*, facilmente extrapolam todas as expectativas democráticas e comunitárias ao permanecerem no poder de maneira mais ou menos vitalícia e incontestada, provocando em seus liderados relações histéricas. Esse fenômeno facilmente recorrente já seria suficiente para indicar o quanto a prática está distante da teoria, já que se trata de comunidades por vezes muito produtivas, empenhadas e comprometidas numa obra comum, mas manietadas a alinhamentos inacreditavelmente rígidos*.

Quando se ignora o poder, faz-se o que os poderosos querem. A natureza, no entanto, insinuaria que seria viável imaginar estilo de autoridade libertadora, à moda Paulo Freire (1997), e que faria parte da pedagogia: todo professor

---

* Dois exemplos de abuso do poder de líderes carismáticos: No DailyKos (*blog* sobre política), Kos, ao ser questionado em suas decisões, desferiu sem mais: "First of all, no one speaks for Daily Kos other than me. Period" (Em primeiro lugar, ninguém além de mim fala em nome do Daily Kos – e ponto.) (O'Neil, 2009, p. 116). Na Wikipédia, Wales, após bloquear um usuário problemático, foi bloqueado por ZScout370, que, prontamente, recebeu de Wales um banimento de uma semana! Em 2008, destituiu um *sysop* (acusado de misoginia), sem reações da comunidade, por tratar-se do líder carismático (O'Neil, 2009).

é autoridade, mesmo que não queira assim ser visto; todavia, a pode exercer de modo que fomente a formação da autonomia de seus alunos.

A sociologia da educação é propensa a ridicularizar essa expectativa (Demo, 2004b; Bourdieu; Passeron, 1975), em uníssono com Foucault (2007), porque tende a ressaltar seu lado socializador, domesticador. No entanto, o que a sociologia empurra para um canto (reprodução), a natureza parece realocar em certo meio termo: todo ser vivo nasce em ambiente de dependência aguda, fatal, de seus procriadores, mas, convivendo com eles e com a realidade circundante, constrói oportunidades de autonomia que eclodem, com o tempo, na urgência de vida própria. Assim, estaria inscrita na mente do ser vivo essa ambiguidade dialética: precisamos de autoridade que fomente a autonomia precisamos de autonomia que se compatibilize com autoridade. Toda situação de dependência clama por autonomia; toda situação de autonomia implica dependência. Ocorre que, por laivo sociológico, tendemos a estigmatizar o lado perverso da autoridade também para reagir à visão weberiana entendida por muitos como um preito à autoridade. Dialeticamente falando, poder é dinâmica dialética, ambígua, contraditória, na qual há dois lados sempre, mesmo que um deles experimente condição de submissão profunda. O lado de baixo não é descartável, secundário, mas integrante da unidade de contrários. Tanto é assim que é possível, dependendo das circunstâncias e do saber pensar dos dominados, mudar a situação: é sempre cabível o poderoso perder o poder. Essa abertura intrínseca de dinâmicas dialéticas, no entanto, precisa ser balanceada com a possibilidade não menos comum de o novo poderoso ser ainda mais virulento que o anterior. Algumas críticas do poder postulam poder!

Essa condição parece clamorosamente típica da Wikipédia. Seus discursos libertários do *software* livre, da produção cooperativa, da interação desimpedida, do abate da autoridade acabam produzindo uma cortina de fumaça para encobrir o quanto contribui para justificar o mercado liberal, a reconstrução de alinhamentos autoritários internos, a solidificação de burocracias renitentes, a ideologia da liberdade cerceada (Dean; Anderson; Lovink, 2006). É impressionante como a Wikipédia, em apenas oito anos de existência, passou de uma comunidade em que todos podem editar sem peias a outra repleta de regras e hierarquias, caminhando – assim parece – rumo a textos cada vez mais protegidos, talvez já finais, ou seja, não mais abertos à edição por todos. A metáfora do "ditador benevolente", ainda que honrada por exemplos edificantes (Wales, em especial), torna-se sarcasmo gritante em face das confusões crescentes e tumultuadas no interior dessas comunidades que, a par da obra comum, lutam por ocupação de espaços, por vezes desonestamente (O'Neil, 2009). Interessa-me aqui comentar a **utopia do texto sempre aberto**, uma das mais atraentes e brilhantes propostas da Wikipédia (Cedergren, 2010; Mateos-Garcia; Steinkuehler, 2010; Stalder; Hirsh, 2002; Johnson; Johnson, 2010).

Consideramos essa visão uma das mais fascinantes da Wikipédia, pois apanha em cheio a dinâmica disruptiva do conhecimento, que não é pacote, mera informação, coisa armazenada, mas gesto incessante de desconstrução e reconstrução. Apanha igualmente a energia infindável e profunda, suave e forte, da autoridade do argumento de que, ao apresentar-se, constitui uma "força sem força". É o tipo da "autoridade não autoritária", porque sua autoridade é de mérito do argumento mais bem fundamentado, tão bem fundamentado que pode sempre ser reconstruído. Inicialmente pelo menos, a Wikipédia tinha esta visão de seus textos: em progresso infindável, sem formato final, abertos à reconstrução de todos sem cerceamento. Esse estilo de "fundamento sem fundo" (Demo, 2008a) elabora uma expectativa dialética da produção de conhecimento que contrasta ostensivamente com outras inseridas na Wikipédia de teor modernista e positivista, tal qual a noção de enciclopédia como guarda do conhecimento disponível, ou de neutralidade da produção pelos contribuintes, ou de verificabilidade dos conteúdos dos textos. Conhecimento como dinâmica desconstrutiva/reconstrutiva é traído em nome de estilo estabilizado, congelado e definitivo que já se poderia preservar. Enquanto na promessa dialética – todos podem editar livremente – promovem-se textos sempre abertos e que encontram nessa abertura uma de suas qualidades mais marcantes. Nos procedimentos metodológicos essa dinâmica acaba aprisionada por estruturações reativas. Uma coisa é entender a enciclopédia como repositório do que já se fez – por isso, não cabe pesquisa original, mas compilar o que está disponível –, outra é entender como referência de incessante reconstrução do conhecimento, na qual o repositório disponível é infinitamente recriado.

Essa talvez tenha sido a maior novidade e invenção. Mesmo que não caiba pesquisa original, por alguma razão que não alcanço perceber, todos os textos são expressão viva de processos interpretativos, reinterpretativos, contrainterpretativos, tal qual o *remix* da internet (Weinberger, 2007; Latterell, 2006). A Wikipédia seria uma fábrica em funcionamento 24 horas por dia, 365 dias por ano, não um mausoléu. Quando menos, isso desvela outra marca brilhante: os textos seriam atualizados naturalmente na própria dinâmica de sua reconstrução sem fim.

Há outra maravilha: se todos os textos estão sempre abertos à reconstrução de todos, o texto que mais chance teria de merecer a atenção seria aquele mais bem argumentado, sem que daí decorresse qualquer formatação definitiva. Seria apenas menos provisório, porque deteria melhor fundamentação. Considero essa face uma virtude pedagógica inestimável, porque, como diria Habermas, na esfera pública democrática e eticamente estruturada, vale a força sem força do melhor argumento (1989). Como não cabe o argumento de autoridade, nem qualquer imposição autoritária, ser ouvido só poderia ser questão de mérito de quem se faz ouvir, não gritando, vociferando, agredindo, ofendendo, mas **argumentando**. O texto que desfilaria pela passarela com maior consistência e permanência seria, naturalmente, aquele que merecesse esse respeito da comunidade. Esse tipo de texto, particularmente qualitativo, não reivindica permanência estável, muito menos definitiva. A comunidade o muda dentro do mesmo contexto de profundidade e acuidade, pois a uma obra-prima cabe reconstrução como obra-prima também. Assim ocorre com teorias importantes: a maioria é incompleta, datada e localizada, mas algumas sobrevivem aos tempos, merecendo a atenção por conta de sua qualidade. São reconstruídas também porque isso é do negócio, mas suas reconstruções precisam deter qualidade similar. Textos irrelevantes atraem mudanças irrelevantes ou permanecem estáveis porque não merecem atenção.

Com o tempo, porém, a Wikipédia foi cansando de tanta reconstrução de textos, levada igualmente pelos azares do vandalismo, ao lado do concurso de amadores com pouca qualificação (Coates, 2010). A tentação do texto definitivo retorna com força, em parte porque alguns textos podem ser tão benfeitos que poderiam permanecer assim por algum tempo, mas em parte por subordinação positivista a um estilo de produção que foge de ser discutida. À medida que a Wikipédia se aproxima do formato tradicional, inclina-se a repetir o mesmo modelo de conhecimento, perdendo sua dinâmica disruptiva. Chocam-se aí dois mundos acadêmicos: um mais moderno, movido pela expectativa do conhecimento formalista e estável, capaz de dar conta da realidade assim como ela é; outro pós-moderno, impulsionado pela dinâmica complexa não linear de elaborações sempre abertas, cuja validade é relativa, datada e localizada, mas em permanente reconstrução. A energia disruptiva da Wikipédia parece estar se cansando... Não estou aqui procurando uma solução (unidade de contrários não é solúvel), mas uma acomodação dialética, possivelmente mais realista. De um lado, há de se respeitar a proposta utópica de crítica cerrada ao poder, mesmo do poder legítimo. Como sugere

Boehm (1999) em sua análise de povos primitivos (da época nômade), falar mal dos poderosos é obrigação cívica, para evitar que o poder lhes suba à cabeça. O próprio poder legítimo, sem crítica cerrada de baixo para cima, tende a amealhar privilégios, porque a tentação é quase irresistível. De outro, estão dinâmicas de poder que, além de componentes naturais e legítimos, poderiam ser vistas como pedagógicas, porque envolvidas no processo de formação da autonomia. Poderíamos observar isso, com devida cautela, na liderança de Wales na Wikipédia: embora a noção de ditador benevolente já seja suficientemente sarcástica, sua presença possui faces positivas, responsáveis em parte pelo êxito da empreitada. Ainda assim, não posso deixar de reconhecer que "defender poder" é quase sempre um suicídio.

Neutralidade engajada

A Wikipédia é uma enciclopédia e, como é da tradição enciclopédica, significa esforço de compilação do que existe. Ao pé da letra, segue que seu conteúdo é típico *remix*, ou, reinterpretação das interpretações, discurso de discursos. Não caberia pesquisa original, a não ser se fosse já algo compilado. Sendo livre a edição, as compilações admitem, naturalmente, níveis muito diferenciados de qualidade, predominando facilmente as mais banais ou em torno de temas banais. Dificilmente Sócrates receberia maior atenção do que Silvio Santos. Isso é um problema na Wikipédia, certamente. No entanto, podemos discutir o que seria propriamente "compilar", aparecendo dois extremos: textos banais e esmerados. Mesmo fazendo compilação da biografia de Silvio Santos, pode ser conduzida com grande acuidade, senso crítico, elaboração meticulosa, demonstrando autoria visível. Por outra, pode-se fazer compilação medíocre de Sócrates. Em países avançados, essa questão é posta para os jornalistas com particular ênfase. Entre nós, um jornalista facilmente aborda qualquer assunto, porque tem uma formação ampla. O resultado disso são entrevistas inomináveis, nas quais as perguntas, em vez de propor análises pertinentes do entrevistado, apenas revelam a futilidade do entrevistador. Quanto mais o assunto é complexo, no entanto, tanto mais surge o desafio de especialização do jornalista, como é o caso notável dos jornalistas científicos (que trabalham ciências naturais, por exemplo), exigindo-se deles altas credenciais acadêmicas, como doutorado nessas áreas. Supõe-se que, para falar de ciência, é imprescindível conhecimento especializado, mesmo tratando-se de compilação para a enciclopédia. Fazem isso as enciclopédias tradicionais, de especialistas.

Por trás dessa questão está a discussão infernal em torno da especialização (*expertise*), em geral não apreciada pelos Wikipedianos que fazem edições sem preocupar-se com isso. Há autores que não veem problema nisso, porque apostam na *crowdsourcing*, confiantes no fenômeno da emergência ou no efeito-piranha. Aposta-se no processo natural de evolução que elabora níveis ulteriores/superiores, como o surgimento da vida. Surgem chances de criatividade, não do nada, mas da reconstrução dos componentes dados. A inteligência seria resultado desse processo emergente, por alguns visto também no universo como computador

(Gardner, 2007; Wolfram, 2002), do que seguiria, igualmente, que o computador, um dia, também viria a tornar-se inteligente (Kurzweil, 2005). Alguns analisam a evolução natural como marcada intrinsecamente pela produção emergente da vida e da inteligência (Wright, 2000; Jensen, 1998; Morowitz, 2002). Sem avançar mais nisso, interessa-me apenas delinear esse tipo de expectativa que se tornou notória com o texto de Rheingold (2002) sobre *smart mobs* (multidões espertas), sugerindo que pessoas simples podem produzir textos inteligentes, desde que isso ocorra no contexto emergente da colaboração de todos.

A academia mantém suas suspeitas, porque a tradição modernista da produção científica a prende ao especialista credenciado (doutorado ou coisa que o valha), de estilo disciplinar (Bauerlein, 2008; Keen, 2007). O questionamento da disciplinaridade da ciência (Demo, 2000b) indica tratar-se de procedimento excessivamente reducionista, se tomarmos em conta que a realidade nunca é disciplinar. Seu tratamento científico o é por apegar-se ao método analítico, que imagina entender a realidade recortando-a em partes subsequentes, até a um nível último, nos quais se abraçam ontologia e epistemologia (a realidade no fundo seria simples e sua explicação também). Não se trata de rejeitar o reducionismo por completo, já que se aceita ser toda teoria naturalmente reducionista, por idealizar a realidade em um modelo simplificado (Haack, 2003; Giere, 1999; Demo, 2000a). Rechaça-se o reducionismo sem autocrítica, por pretender-se fazer coincidir o discurso científico com a realidade analisada sem mais. Levando-se ainda em conta a querela em torno da interdisciplinaridade, em geral pouco produtiva, além de banal (Demo, 2000b), restou a impressão de que dispensar a especialização implica a banalização do conhecimento: conhecimento aprofundado é sempre especializado. Enquanto se repele a disciplinarização do conhecimento, parece difícil escapar da especialização, por mais que esta tenda a constituir o idiota especializado (sabe tudo de nada). No outro lado, está o especialista em generalidades (sabe nada de tudo) e que, bem observado, não passa também de um especialista, como se vê claramente no médico generalista – não é aquele que, não sabendo medicina, faz qualquer coisa; muito ao contrário. Ademais, aceita-se, modestamente, que a interdisciplinaridade não pode ser obra de uma pessoa, mas de um grupo de especialistas (trabalho em equipe). Ao formar-se uma equipe interdisciplinar, nota-se imediatamente que a expectativa de cada membro é de que o outro tenha conhecimento especializado, não fazendo sentido cada um penetrar – como generalista – na seara do outro.

Não se podendo evitar a especialização (os problemas a serem analisados possuem marcas especiais, não apenas gerais), seria razoável concertar as coisas: sem prejudicar a verticalização do conhecimento, ampliar a horizontalização (mais leitura, discussão conjunta, diversificação de interesses). Como mostra Santos, com suas teses da interculturalidade e multiculturalidade do conhecimento, da ciência como senso comum e das epistemologias alternativas (1995, 2004, 2009; Santos; Meneses, 2009), o conhecimento científico é um exemplar no mundo vasto dos conhecimentos possíveis, ainda que seja amplamente dominante na cultura eurocêntrica. Seria, então, viável desenvolver a noção de conhecimentos rivais, não fincados apenas em *expertise*, mas produzidos colaborativamente, como pretende a Wikipédia. Esse tipo de conhecimento não substitui o especializado; não faria sentido tentar, pois tem outro significado, mais próximo do que seria, por exemplo, uma compilação. Numa enciclopédia não "está" o conhecimento da humanidade, pois conhecimento "não está", sendo uma dinâmica interminável de desconstrução/reconstrução. Está aí apenas a compilação dos processos estabilizados de produção de conhecimento, no fundo, já congelados como informação. Poder-se-ia, entretanto, alimentar outra concepção de enciclopédia como dinâmica aberta de produção de conhecimento e que subsistisse em discussão permanente, por meio de processos de edição interminável, sem estabilização à vista. O que mais se aproxima disso é a Wikipédia, ainda que sua configuração metodológica se oriente por outra visão (modernista). Restaria discutir ainda se todos podem editar, já que, se pesquisa original fosse aceita (deveria ser aceita, creio), a presença do pesquisador devidamente formado seria imprescindível, também para não surgir logo confrontos pouco edificantes entre pesquisadores duros, mais rigorosos, formalistas, matemáticos, e outros "moles", das ciências humanas (Spariosu, 2006). O que todos podem editar são textos experimentais, iniciais, de pesquisadores menos preocupados com metodologia científica, do que com seu processo caótico de criatividade. Isso ficaria muito bem numa Wikipédia.

De fato, um dos traços mais atraentes da Wikipédia é a desconstrução da academia como dona da verdade e do método científico. No surgimento da era moderna (por volta do século XVI) (Burke, 2003; Collins, 1998), a descoberta mais incisiva foi a da autoridade do argumento – o discurso científico se mantém, não pendurado em autoridades (por exemplo, religiosas, tradicionais, políticas), mas por força de sua argumentação. Um dos confrontos marcantes foi entre os cientistas da época que defendiam o heliocentrismo, e as autoridades que, por razões teológicas, sobretudo, defendiam o geocentrismo. O confronto resolveu-se em favor do heliocentrismo, mesmo a contragosto do papa. O argumento da autoridade estaria descartado, definitivamente. Todavia, como ciência é produzida em sociedade, não escapa das marcas sociais, como mostrou magistralmente Kuhn (1975), ao reconhecer que toda revolução científica acaba se acomodando em paradigmas que a tornam cada vez mais medíocre, por tornar-se reprodutiva. Retorna o argumento de autoridade, porque o mundo da ciência é composto de cientistas que manifestam os mesmos traços de volúpia pelo poder, sem falar que conhecimento é, intrinsecamente, também poder (Portocarrero, 1994). Os processos de produção de conhecimento, mesmo marcados pela liberdade de expressão, naturalmente, estão eivados de interferências suspeitas de donos da verdade, até porque aí se acredita, à revelia da autoridade do argumento, em verdades finais e estáveis, uma fantasia criada pelo método científico, pretensamente neutro/objetivo. Verdades teológicas foram substituídas por outras não menos teológicas (Feyerabend, 1977).

Ignora-se não só o contexto social da produção científica, mas principalmente o contexto hermenêutico das epistemologias plurais (Demo, 2010b): a par dos procedimentos formais (em si neutros/objetivos, porque não há uma matemática ou lógica brasileira e outra chinesa), a mente humana, sendo autopoiética e autorreferente, não reproduz textos, mas os reconstrói do ponto de vista do observador participante (Demo, 2002a). A matemática usada por Einstein é a mesma de todos; ele próprio não é. Sem ele, talvez não tivéssemos até hoje o teorema da relatividade, pois esse teorema, a par de sua forma, é igualmente uma reconstrução genial. Gödel, de certo modo, sinalizou isso com seu teorema da incompletude (Alesso; Smith, 2009), mas, na academia modernista, positivista, persiste o discurso como produto neutro/objetivo (Demo, 1995).

A Wikipédia não pretende desconstruir rigores formais ou formalização como método. Ela satiriza a pretensão inatacável dos cientistas, em especial a venda fácil do argumento de autoridade como autoridade do argumento. Essa venda se consubstancia no apego à verdade dos fatos, esquecendo-se, como diria Popper, entre outros, que mesmo fatos só o são a partir de um processo de reconstrução mental e à luz de hipóteses rivais/complementares. Por isso, Hobsbawm (1995) fala de breve século XX, enquanto Arrighi (1996) de longo século XX! Certamente, o ambiente dos historiadores é bem diferente daquele das ciências naturais, mas também nestas as abordagens são conduzidas por aproximações hipotéticas eivadas de interpretação autorreferente. É por isso que a teoria da evolução (de Darwin) é tida por alguns como comprovada (escola de Dawkins) (1998), por outras como hipótese importante e a ser reconstruída (escola de Gould) (2002), e por outros ainda como improvável ou inaceitável (criacionistas).

Satirizar a academia não significa desprezar o que se tem feito, em especial as contribuições da tecnologia, entre elas do computador, da engenharia genética, da física quântica. Quer-se apenas desfazer a empáfia dos donos da verdade que, vendendo-se como arautos da autoridade do argumento, maquinam o argumento de autoridade. Em termos epistemológicos, a autoridade do argumento só pode deter validade relativa, precisamente para não virar autoridade. Qualquer produto científico que não seja apenas formal detém essa marca natural e social. No mundo da ciência há infinitas gradações, desde as mais rebuscadas até as mais triviais, assim como numa enciclopédia podem-se achar compilações primorosas e fúteis. Desprezando extremos, seria sempre cabível admitir formatos diferenciados de enciclopédias, desde as mais requintadas, feitas por especialistas consumados, até outras mais populares, feitas por "todos que querem editar". Nesse caso, as edições serão menos especializadas, mas não precisam, por isso, ser fúteis, como a Wikipédia, como um todo, está longe de ser fútil. Bastaria lembrar do estudo da *Nature* (Nature's, 2010). A sátira cabe ainda mais a pretensos cientistas que se apresentam como tais, não sendo na prática autores importantes e competentes, como são casos incontáveis de acadêmicos que, sem produção própria, dão aula "a torto e a direito". A nova geração está cansada desse disparate, embora possa responder a um extremo com outro (Tapscott, 2009; *A vision*, 2010), desprezando apressadamente a *expertise*.

A hipótese de que a multidão de amadores poderia produzir alta qualidade ainda é obscura (Keen, 2007;

Bauerlein, 2008; Wong, 2010), também porque a hipótese da emergência se aplicaria a processos evolucionários de bilhões de anos (McAfee, 2010). Nesse sentido, a crítica pode ser procedente: na Wikipédia há bem mais animação comunitária do que qualidade acadêmica. É lindo galvanizar tanta gente, mas isso não garante qualidade, muito menos substitui a *expertise*. O que a Wikipédia sugere é que, se todos podem editar (hoje isto tem validade bastante mais relativa), é possível oferecer produtos respeitáveis, também porque no meio de todos há os especialistas e que tendem a assumir os textos mais complexos. Todos podem compilar uma biografia de Silvio Santos, mas não sobre física quântica. Tomando-se uma dimensão mais popular da enciclopédia e que admitiria estilos mais flexíveis de compilação, a Wikipédia tem se demonstrado útil, produtiva e convincente, além de atualizada. Proibir seu uso para fins de estudo e pesquisa parece fundamentalismo tolo. Cabe dizer que a Wikipédia não substitui outros formatos de enciclopédia.

Rebeldia regulada

As três regras metodológicas da edição/feitura de textos na Wikipédia podem, a esta altura, ser questionadas mais detidamente. O *Neutral Point Of View* (**NPOV** – ponto de vista neutro) representa preito ostensivo ao positivismo, em si compreensível nos Estados Unidos, a pátria maior da Wikipédia. Ainda que se conceda que não poderia existir neutralidade, usa-se este jargão para empurrar as discussões para algum consenso, em nome de alguma verdade, nunca definida mais de perto. Na prática, a proposta se deve ao temor da discórdia, esperando-se que, se tivessem boa vontade, todos se encontrariam em algum lugar tranquilo. A contradição é flagrante e claramente sarcástica: de um lado, se todos podem editar, isso representaria naturalmente a diversidade de pontos de vista; de outro, espera-se que tudo isso se acalme num texto final de um único ponto de vista; no entanto, se todos podem editar sempre, não haveria texto final, mas em progresso/processo incessante; nem se poderia imaginar que os textos, oriundos de incontáveis pontos de vista, acabassem como peças sem ponto de vista. Colidem aí dois desideratos irreconciliáveis: saber discutir e saber alinhar-se. Ora, quem sabe discutir não se alinha, quem se alinha não sabe discutir (ainda que não seja o caso interpor dicotomias drásticas). A Wikipédia é a cara disso, quer queira ou não. Diria, de meu ponto de vista, que é das marcas mais saudáveis dela, partindo de outra visão. Se a ciência produz textos sempre discutíveis, formal e politicamente, eles podem deter grande qualidade de elaboração, precisamente porque permanecem abertos a elaborações ulteriores, não porque se chegaria a algum patamar neutro.

O critério maior de cientificidade é a discutibilidade dos textos em nome da autoridade do argumento. O exercício do aprimoramento das edições, desde que feito sob a égide da autoridade do argumento, é dinâmica de rara beleza pedagógica, porque não só promove a habilidade de produzir conhecimento, como promove, ainda mais, um estilo de cidadania capaz de negociar consensos aprimorados, ainda que nunca finais (Demo, 2008a). O NPOV aparece na cena como excrescência, um alinhamento a metodologias positivistas e que em nada funciona nesse tipo de ambiente. É farsa cômoda.

Quanto à verificabilidade – V (*verifiability*) – a crítica é similar: os textos científicos não são propriamente verificáveis ao pé da letra, pois essa presunção supõe uma correspondência direta entre teoria e realidade, algo impraticável em nossa mente autorreferente e autopoiética. Podem, sim, ser retestados, controlados, cotejados, mormente reinterpretados, contrainterpretados. Tal percepção da verificabilidade esconde, ademais, a mediocridade gritante da compilação alinhada a fontes muitas vezes impróprias. O alinhamento a fontes facilmente atropela a pesquisa mais detida que questiona as fontes. Essa tática tem o seu lado tranquilizador: impedir que as edições se façam à toa. No entanto, podemos imaginar coisa bem melhor quando se mantêm os textos discutíveis por força da autoridade do argumento: até mesmo texto sem cotejo de fontes poderia ser aceito, desde que bem argumentado. Alguém poderia elaborar uma biografia de Silvio Santos de próprio punho e que, sendo melhor que todas as existentes, não ganharia nada em referenciá-las a outras biografias existentes. Poderia parecer estranha essa biografia sem citação – pode-se, claro, sempre citar, desde que não vire fetiche – mas sua qualidade depende, antes de tudo, da pesquisa acurada e espelhada em dados testáveis, além do esmero do texto elaborado. A referência fundamental aí seria a fontes adequadas, compulsadas para levantar a vida de Silvio Santos.

O *No Original Research* (**NOR** – sem pesquisa original), por sua vez, ainda que sirva para evitar "invencionices" de toda sorte, tende a ser restritivo desnecessariamente. Há certa desconfiança de que, podendo todos editar, as contribuições podem não ser brilhantes, em especial quando se alega pesquisa própria. Espera-se disso, porém, justa e contraditoriamente o brilhantismo da Wikipédia. Ainda, ao castigar a originalidade, machuca-se a autoria, exasperando o lado medíocre da compilação. Daí segue enciclopédia eivada de textos dúbios, ao lado de outros muito bons (Lih, 2009). Ficaria melhor abrir a possibilidade de textos originais, desde que dinamizados pela autoridade do argumento. Ademais, persistindo a repulsa aos expertos, corre-se o risco flagrante de fazer dos textos exercícios amadores ou "discursos de discursos" indefinidamente. Esse problema volta na questão da notabilidade, preferida à relevância: a comunidade que não se orienta pela autoridade do argumento facilmente adota temas fúteis, perdendo-se em diatribes pouco aproveitáveis. Compilação que se preza indica autoria, não plágio. Para dar um exemplo corriqueiro: em ambientes positivistas, a revisão de bibliografia tende a ser gesto descritivo, cumulativo, reprodutivo, agregando pedaços de autores disparatados; em outros ambientes, pode ser iniciativa compromissadamente reconstrutiva, dentro do desafio de ler autores para se tornar autor, ou para "contraler" (Demo, 1994; 2008b).

A Wikipédia descobriu logo que o concurso dos contribuintes será bem mais importante que as regras metodológicas. De certa forma, instigou a produção incipiente, apostando em que outros editores, entrando em cena, acabariam tornando essa produção incipiente em texto respeitável. Confia-se, em excesso, na participação como tal, supondo igualmente a boa-fé de todos. A experiência malograda do *Los Angeles Times* (*wikitorial* sobre a guerra no Iraque) foi marcante no sentido de mostrar que não se pode confiar tanto assim na "mágica" da Wikipédia. Não se critica esse gesto de boa vontade porque pior seria imaginar, previamente, que todos são malandros, mal-intencionados, até prova em contrário. É muito interessante a expectativa de um ambiente caótico, marcado pela liberdade de expressão, repleto de vozes diferenciadas, representando nisto também a biodiversidade. O problema é que se escondem as contradições desse tipo de dinâmica: de um lado, instiga-se que todos participem; de outro, desconfia-se que, onde todos participam, o resultado pode ser frívolo; para evitar isso se usam dois discursos incompatíveis: participar à vontade, mas respeitando regras cada vez mais rígidas. Parece salutar a preocupação em manter os procedimentos como instrumentais, valorizando-se o conteúdo criativo. Mas a história da Wikipédia indica que os procedimentos estão se tornando a própria finalidade maior, a ponto de sabotar um dos pontos de partida mais iluminados: os textos são sempre abertos. Buscam-se mentes indomáveis, desde que aceitem ser domadas no processo.

Entendo que as três linhas metodológicas, ainda que detenham noções práticas, são um cardápio indigesto, formulado em ambientes pouco iluminados metodologicamente e muito alinhados ao positivismo dominante. O que incomoda é que tudo isso se arma para manter o princípio de que todos podem editar, uma grande contradição. De um lado, busca-se estilo candente de produção de conhecimento, sempre aberto e atualizado; de outro, impõem-se regras que extirpam esse fogo. A Wikipédia é, em tom maior, um campo de forças marcado por interpretações rivais e nisso criativas. A cooperação é dinamizada também pela rivalidade, porque, na natureza e na sociedade, são processos dialéticos na unidade de contrários. Incomoda na Wikipédia que esse ambiente facilmente desande em vandalismo, agressão, destruição, esquecendo-se do compromisso com a obra básica: uma enciclopédia feita a mil mãos. Neste sentido, em vez de pregar alinhamentos metodológicos que apenas reforçam as rivalidades, seria mais recomendável estudar modos de convivência rival e, ainda assim, éticos (Gensollen, 2010). Isto aponta naturalmente para a força sem força da autoridade do argumento (Demo, 2005b).

Futuros da utopia

A Wikipédia mostra, apesar de sua história tão curta e também estrondosa, que a autoria já não é propriedade restrita a algumas cabeças privilegiadas. Na prática, é acessível a todos, mesmo na maior simplicidade. Quanto mais a autoria se fecha em certas cabeças, mais se torna argumento de autoridade, maculando seu berço embalado pela liberdade de expressão. Nessa rota, um dos serviços mais importantes da Wikipédia é a popularização do espírito científico, considerado uma das habilidades do século XXI. Saber lidar com método científico torna-se desafio genérico, como parte da formação geral das pessoas. O argumento mais à vista é sempre o do mercado: para poder competir melhor.

Mas, do ponto de vista da educação, o argumento crucial é formativo, divisando aí não só a questão do conhecimento, mas principalmente da cidadania. A esfera pública não pode ser ocupada apenas pelo especialista que sabe técnicas sofisticadas da argumentação, mas por todos (todos podem editar). Com razão, Fraser (1992) questionou a concepção de esfera pública da Habermas, excessivamente eurocêntrica e patriarcal, refletindo, em parte, a democracia elitista e restrita grega (Anderson, 2010).

O'Neil (2009) apontou para a predominância ainda masculina nos ambientes virtuais, em especial nos mais requintados, ainda que isso esteja mudando rapidamente. Nesse sentido, "forças arcaicas" continuam jogando pesado, sem falar nos intermináveis vícios das democracias atuais e por isso colocadas em xeque pela geração *net* (Tapscott, 2009; Winograd; Hais, 2008). Há um caminho enorme a ser andado até podermos equilibrar a "igualdade de oportunidades". No entanto, parece claro que a Wikipédia tem sido um farol nessa escuridão. Continua sendo um fato que muitas mulheres têm sua autoria atrelada ao homem, à sombra dele, ou gravitando em torno dele. O machismo na internet é público e notório, a começar pela pornografia. No mundo dos *hackers* a presença feminina ainda é peregrina, bem como na alta ciência (Harding, 2008). Isso pode e deverá mudar (Plant, 1999). A ideia de que todos podem editar serve de alento à participação indiscriminada, por mais que regras crescentes restrinjam as liberdades. Em última instância, as mulheres poderiam construir sua própria proposta, uma enciclopédia voltada para sua sugestão de sociedade e desenvolvimento e dotada de ambientes mais libertários, ainda que não dicotômica (Clark, 2010; McSporran; Young, 2010; Gillmor, 2010; Glazer; Hannafin, 2010). Ao fundo, porém, o mais importante é a percepção cada vez mais incisiva de que a energia rebelde, disruptiva do conhecimento questionador precisa tornar-se patrimônio público, o que demandaria, por sua vez, outro formato de enciclopédia: não um repositório compilado do que existe, mas uma fornalha incandescida e talvez ensandecida, de produção de conhecimento de utilidade geral. Não se poderia perder esta tradição virtual, embora presa a *expertises* raras/carismáticas: conhecimento é tão importante para a sociedade que não poderia ser apropriado; não sendo nenhuma mente original, o que se produz provém do que outros produziram e vão reconstruir. Ideias são tipicamente bem comum: não devem ser vendidas, nem compradas. Sequer em termos pessoais a mente é propriedade: somos, em certo sentido, apenas usuários dela. Essa utopia vale a pena. Não deveria jamais ser sufocada em nome do mercado.

É claro que, tornando-se o conhecimento científico de alcance popular, as epistemologias mudam, por vezes, dramaticamente. A tendência será a construção de textos mais populares, de compreensão mais acessível, mais curtos (também para caberem na tela), multimodais (modulando argumentos visuais, acústicos, plásticos, movimentados), sugerindo que conhecimento que só alguns entendem não têm maior significado para a sociedade. É preciso sempre ver o que se ganha e o que se perde. Ganha-se em acesso popular, uma dimensão inestimável. Perde-se verticalização, também fundamental. Daí segue que não deveríamos ver aí rivalidades apenas, mas igualmente modos alternativos de cooperação. O conhecimento tradicional, também o positivista, guardam seu lugar, porque demonstraram efetividade imponente. Mas deveriam permitir ou promover alternativas de conhecimento, tanto como complemento, quanto como questionamento. É de capital relevância o surgimento de conhecimentos rivais, não só porque, na verdade, sempre existiram, mas principalmente porque o espaço do conhecimento não pode ser ocupado por grupos seletos e que, ao final, são gangues (Santos, 2004).

Podemos apreciar na Wikipédia também seus efeitos pedagógicos em termos de autoria. Quando editores simplórios tentam editar, pode ocorrer um desastre, naturalmente, mas também um exercício de elaboração com marca formativa, à medida que tomam contato com o espírito científico e, ao lado do método, praticam um tipo de cidadania que sabe argumentar. Esse efeito é impagável: aprender a preferir a autoridade do argumento; perceber sua força sem força; apreciar consensos tão benfeitos que podem sempre ser refeitos; fundamentar de tal modo que o texto permaneça discutível, formal e politicamente. Acresce a isso certo tom lúdico: a turma se diverte, enquanto trabalha e, no fim, aprecia o resultado – uma enciclopédia sem maiores credenciais, mas interessante, útil, criativa e sempre atualizada. Um resultado primoroso é aprender a "pesquisar" e a elaborar, num ambiente que empurra as pessoas a preferirem a autoridade do argumento. Nesse sentido, pode-se ver a chance imperdível de aprender bem, num espaço interativo, crítico e criativo.

Em seu tom pós-moderno, a Wikipédia consagra a noção preciosa de que uma ideia só pode ser crítica se for plural. Ideia única, sendo fixa, não passa de argumento de autoridade. É um recado crucial para críticos sem autocrítica, quando a crítica se torna senha de um povo eleito que se imagina ter o direito de massacrar teorias e práticas rivais. Olhando, por exemplo, a Escola de Frankfurt, o que mais chama a atenção não é uma proposta alinhada e unitária de teoria crítica, mas sua imponente diversidade (Darder; Baltodano; Torres, 2009; Giroux, 2009; Freitag, 1986). A escola era preenchida de mentes brilhantes e indomáveis que promoviam um projeto comum tecido de maneira plural. O lado mais fecundo da teoria crítica é sua verve maiêutica da autocrítica, uma virtude em geral ausente em nossas propostas críticas, porque, ao pretenderem superar donos da verdade, instauram-se ainda mais como donos dela. Teoria única, absolutamente válida, é um petardo religioso, um dogma sujo, uma tramoia violenta, por mais que tenha como objetivo abrir as mentes. Ignora, porém, como a Wikipédia atual ignora, que mentes não se abrem impondo alinhamentos, censurando a rebeldia alheia, monopolizando a palavra. O tecido infinito de vozes díspares, rivais e complementares, é o texto pós-moderno, no bom sentido, certamente muito mais difícil de "gerir" e "digerir". É mais fácil gerir gente dócil, mesmo que se diga crítica. A Wikipédia possui esta graça: retorna à biodiversidade da natureza, plural, esparramada, dinâmica, ambígua. Nenhuma obra final sai daí, porque toda obra é interrupção e continuação, original e surrada. A expressão *todos podem editar* poderia ser traduzida como todos podem sempre aprender, sem nunca chegar a algum ponto final (Grossi, 2004). Essa utopia aponta para um estilo de qualidade humana em processo infindável de formação aberta, crítica e autocrítica, rival e solidária (Demo, 2009c).

Tudo isso, entretanto, não encobre o tumulto desta esfera pública, porque nela não se brandem só argumentos, mas sacanagens de toda sorte. A Wikipédia tem equacionado esse desafio razoavelmente, mas encontra questões complicadas e cansativas, azedadas também por seus critérios metodológicos positivistas. O problema é que a Wikipédia ainda não consegue apreciar uma boa discussão, preferindo textos neutros. De um lado, faz parte da tradição enciclopédica: não se dedica a discutir, mas a compilar. De outro, perde-se oportunidade ímpar de iluminar este tipo de esfera pública dedicada à boa argumentação e que sempre é discurso discutível (Dahlberg, 2010; Mejias, 2010). Os mentores da Wikipédia, por ranço positivista, não conseguem valorizar essa dimensão. Como é reprimida, a resposta é a contrarrepressão, travestida de vandalismo e atitudes similares agressivas, destrutivas. Possivelmente seria o caso conceber outros formatos de enciclopédia, para abranger o que a Wikipédia é: um fórum de discussão aberta sobre produções vigentes de conhecimento, não um sarcófago de textos em decomposição. Em geral, os temas mais caros, sensíveis, tocantes são controversos, porque somos, em pessoa, uma controvérsia ambulante. O desafio seria armar ambientes onde a controvérsia pudesse ser relativamente bem comportada e construtiva, podendo-se regular a si mesma em seus riscos de agressão e dissolução. Não há solução para tais riscos, mas poderiam ser geridos num sentido democrático aproximado. No fundo, a Wikipédia caminha para um texto estabilizado, porque considera texto adequado aquele que já não é discutido. Na prática, o ideal seria o contrário: texto pertinente é o que suscita discussão. A beleza maior de um texto está em sua abertura promovida pela autoridade do argumento.

A Wikipédia teme que esse tipo de discussão aberta levaria a lugar nenhum – discussão interminável. Pode ocorrer – discutir por discutir; criticar tudo sem colocar nada no lugar. Seria de se perguntar, entretanto, se textos estáveis levam a algum lugar melhor. Levariam ao mesmo lugar da enciclopédia tradicional: um mausoléu rebuscado de textos. Não é esse o destino da Wikipédia, porque é fornalha incandescente. Nesse sentido, vejo com preocupação o avanço da rigidez de regras que contradizem, cada dia mais, as premissas iniciais da liberdade irrestrita de expressão. Houve um tempo em que se sugeria ignorar as regras, em nome da criatividade. Hoje é todo o contrário: só há criatividade tolerável obedecendo às regras. Contradição sarcástica. Aceitar que a ciência é um texto discutível implica uma mudança radical de epistemologia, porque despe os cientistas de sua autoridade de experto ou de esperto. Entretanto, não é o caso agredir o especialista. Ele é figura central da produção científica. Cabe, porém, reconhecer que não preenche o espaço científico sozinho. Há outros conhecimentos rivais, também relevantes, ainda que não concorram em importância com o científico na cultura eurocêntrica.

Tudo isso desvela, quase como um tapa na cara, a politicidade do conhecimento. **Primeiro**, pode-se aludir ao sarcasmo contido na própria Wikipédia: prega procedimentos neutros em meio ao maior tumulto das guerras de edições. Nesse sentido, abriga um faz de conta medieval, presente em todas as esferas positivistas: usa a ideologia da neutralidade para impor o silêncio a quem discorda. **Segundo**, a disputa por verdades, sempre repletas de inverdades, deveria ser substituída pela disputa por argumento, inspirada na autoridade do argumento. Isso não pacifica a comunidade, porque beligerância lhe está na alma também. Mas tempera com alguma ética, para que não se matem todos, não restando ninguém para o enterro. **Terceiro**, apesar de todas as promessas libertárias, a Wikipédia também está pendurada em carismas fortes, cuja interferência é, em geral, engolida sem pestanejar, num gesto terrivelmente pouco democrático. Submissão a carismas é comum entre libertários.

Talvez não seja para se surpreender. A busca de coerência dos textos, em sentido formal, não pode obscurecer que somos criaturas contraditórias. Nossa própria mente, como artefato fisiológico, é uma composição de camadas em parte adaptadas, em parte dissonantes, cujas energias nem sempre são sinérgicas (Lewis; Amini; Lannon, 2000). Pregar a democracia mantendo um sentido forte de liderança é uma coisa comum em nossa história. Alardear liberdade de expressão e alinhar-se a líderes carismáticos, igualmente. A Wikipédia tem este defeito e esta virtude. É defeito, porque promete o que não faz. É virtude, porque reflete a algazarra humana, na qual ter voz quase sempre implica suprimir a voz do outro (Castells, 2004, 2010; Bakardjieva, 2005).

capítulo IV

Mudar

Deixando de lado pretensões mais agudas, como mudar o mundo, volto-me para o desafio da mudança em esferas mais restritas: campo da educação e da aprendizagem, por exemplo. Muitos diriam que necessitamos de mudanças disruptivas, mas elas são bravamente refreadas pelo sistema, inclusive docentes, em especial seus sindicatos (Moe; Chubb, 2009). Pedagogia tornou-se curso obsoleto (Demo, 2009a), por estar pedagógica e, principalmente, tecnologicamente ultrapassado, não mostrando sinais de acordar para mudanças (Schneider, 2007). Essa situação é tanto mais esdrúxula porque nesse curso é comum o discurso exaltado sobre transformações sociais, à luz das propostas freireanas (Freire, 1997; 2006; Saviani, 2005), declamadas da boca para fora. Enquanto as novas tecnologias se agitam em torno de perspectivas reconstrutivas, participativas, interativas (Coiro et al., 2008; Mason; Rennie, 2008), a pedagogia continua agarrada à aula instrucionista, mantendo concepção bolorenta de conhecimento empacotado e apostilado (Demo, 2009a). Está se tornando comum a promoção da autoria dos alunos, em especial nas plataformas digitais tipo web 2.0, mas a pedagogia gira ainda em torno de repasses de conteúdos por docentes que não produzem nada (Fried, 2005). Se aprendizagem, em grande parte, é a construção da habilidade de autoria, dar aula sem autoria é plágio dos plágios (Schneider, 2007; Emigh; Herring, 2010). Tem-se a impressão que se fala muito de mudança para desviar a atenção e não ter que mudar. Escolas e universidades ainda não alcançaram o século XXI (Duderstadt, 2003). Persistem como instituições do passado (Alvin, 2010), o que tem levado a geração net a olhar a escola com desconfiança e desconforto (Tapscott, 2009; A vision, 2010; Teachers 2.0, 2010).

Em perspectivas pós-modernas, a realidade é vista como complexa, não linear, dinâmica, em geral de cunho dialético (Fuchs, 2008), significando guinada disruptiva de proporções imensas. Dinâmica é a constante, não a constância (Massumi, 2002; Ulanowicz, 2009). Mudança é processo natural, parte do ímpeto evolucionário da natureza e da sociedade. As identidades são vistas de maneira singularmente diversa: identidade não é o que não muda; ao contrário, se mantém idêntico o que muda. As identidades são processos históricos e, como tais, irreversíveis. Para se manter o mesmo, só mudando sempre. Tudo que parece resistir ao tempo também está mudando: escola, família, tradições, religiões, língua etc. Somos a imagem viva desse processo: permanecemos uma vida toda a mesma pessoa, mas em constante mutação, mais visível no envelhecimento, mas igualmente na aprendizagem, na formação, na experiência, na sabedoria etc. Na percepção histórico-estrutural, damos lugar para ambos os movimentos: de ruptura e de conservação. Sociologicamente falando, as relações sociais expressam, ao mesmo tempo, evoluções sem fim e formatações resistentes. Papéis, funções, hábitos, comportamentos indicam modos de ser recorrentes dentro dos modos de vir a ser (Demo, 2002b), tanto que somos reconhecidos pelo tom da voz, pelo modo de ser, pela forma de trajar, porque naturalmente estruturamos o modo de ser. Ninguém se comporta, a cada dia, de maneira completamente diferente, ainda que todo dia sejamos um pouco diferentes. Muitos sociólogos acentuam o lado conservador, como os funcionalistas (Demo, 1995), porque uma das facetas mais palpáveis das sociedades são seus processos de socialização, com destaque para educação (Demo, 2004b): a maneira como a sociedade fabrica membros dóceis, encaixados, submissos. O bom menino, o bom aluno, o operário-padrão entram nessa categoria. Convém para a família, para a escola e para a empresa, mas, do ponto de vista da sociedade, tendem a ser peso morto, porque não implicam em mudança.

Ao lado conservador acresce o da mudança sustentadora, como sugere Christensen (2003): as instituições, quando percebem a importância da mudança, tendem a cultivar formas domesticadas de mudança, ou seja, aquelas que não escapam ao controle. Esta visão colocaria em xeque a noção de promoção da mudança, porque seus promotores cuidarão mais do controle dela, do que da própria mudança.

Há chefes disruptivos. Alguns. A grande maioria cuida que mudança não saia debaixo de suas asas. Chefes disruptivos em geral provêm de fora da instituição ou de fora do grupo dominante dentro da instituição. Há, como sugere Friedman (2005), sociedades que mudam mais e que mudam menos, como há pessoas mais e menos sensíveis à mudança. No entanto, temos outras disjuntivas pela frente, quando observamos que questionadores brilhantes podem tornar-se gestores medíocres. Uma coisa é falar de mudanças, outra é praticá-las, assim como uma coisa é criticar, outra ser criticado. Dialeticamente falando, nada de surpreendente, por conta da unidade de contrários.

Mudar é sempre possível

Na fornalha indomável dos desejos infinitos nenhum padrão finito pode ser satisfatório. Na prática, porém, não escapamos de nos contentar com a vida que foi possível, na qual desejos e frustrações são combustíveis cotidianos. Algo, porém, poderia estar mais claro: dispomos hoje de muitos meios tecnológicos, além de ciência muito mais sofisticada, para aprimorarmos as condições de vida na história, irmos além da mera quantidade e badalarmos a qualidade de vida, ampliarmos relativo bem-estar para todos (Demo, 2009c). Se não o fazemos, é porque não progredimos muito ou quase nada na democracia, justiça social, ética pública. Fome, por exemplo, não é inevitável. Longe disso. A humanidade teria maior risco de ser obesa do que faminta. Misérias lancinantes subsistem por toda parte, até mesmo em países ricos, porque a face predatória do ser humano parece, em certa medida, exacerbar-se. Vivemos encruzilhada duríssima. Quando fomentamos as liberdades individuais, como é o caso do eurocentrismo, em particular no contexto do mercado liberal, obtemos facilmente aumento exponencial de riqueza, mas esquecemos o quanto esse enfoque é predatório da sociedade e da natureza. Se a medida é o indivíduo, a comunidade é espoliada. Entretanto, quando fomentamos atitudes gregárias que tendem a desconsiderar o indivíduo, podemos ter menos conflitos, que não são, porém, suprimidos, mas abafados sob rotinas pretensamente harmoniosas. O herói da comunidade é o indivíduo. Mas o sentido do indivíduo é a comunidade. Esta equação ainda não foi bem resolvida (Bauman, 2003). A democracia poderia ser apelo interessante, apesar da extrema ambiguidade, desde o surgimento na Grécia (Goyard-Fabre, 2003). O Ocidente aposta em indivíduos criativos, não em comunidades criativas. Comunidades são a retaguarda de segurança, anteparo socializador, repositório de comportamentos compartilhados. O suprassumo dessa ideia é a noção liberal de liberdade, vinculada à propriedade privada: muito menos ligada à liberdade do que à apropriação privada dos recursos disponíveis. A convivência torna-se exercício frenético de espoliação recíproca, hoje decantada na competitividade globalizada.

Figura 1 – Dialética das soluções.

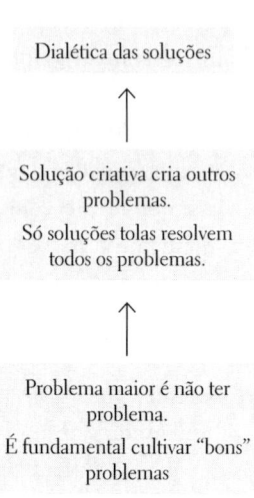

```
              Dialética das soluções
                       ↑
         Solução criativa cria outros
                 problemas.
         Só soluções tolas resolvem
             todos os problemas.
                       ↑
           Problema maior é não ter
                  problema.
         É fundamental cultivar "bons"
                 problemas
```

Não posso pretender resolver tamanha intriga, até porque me desviaria para profecias dúbias. Não me coloco a ideia de resolver a *equação humana*, já que essa expressão é equivocada: o ser humano não é equação, é inequação. A noção marxista de homem novo, por mais atraente que possa parecer, é demasiadamente linear, porque, no fundo, não se distingue de projeto salvacionista tradicional, religioso. Em termos evolucionários e históricos abertos, homem novo não pode ser descartado, mas tem a mesma probabilidade do homem velho. Prefiro contar, pelo menos por enquanto, com *Homo sapiens demens*, como sugere Morin (2002). É mais prudente trabalhar essa inequação do que supor uma equação ainda mais artificial. Não é praticável exercer uma liberdade própria sem interferir na dos outros, e vice-versa, o que supõe entender a convivência também como forma de interferência. Sociedade sem conflitos é quimera, mais própria de ditadores que apreciam todos sem exceção e discussão a seus pés. Quando engolimos a noção de sociedade com conflitos, segue ainda que não se pode imaginar apenas conflitos menores, já domesticáveis, como supunha a dialética não antagônica, mas também radicais, disruptivos. O ser humano pode se exterminar. Esse modo de ver parece duro, mas apenas reflete a dureza da vida, em particular dos marginalizados. Acenar-lhes que é preciso mudar o mundo sem tomar o poder pode exacerbar o lado tutelado da fidelidade canina: mesmo maltratado, o cão fiel não deixa de continuar reconhecendo a supremacia de seu dono. Não pode viver sem dono. Já o ser humano, mesmo não podendo descartar em sociedade donos, pode não apreciar essa ideia e imaginar que também poderia ser dono. Tem seu lado tolo esse pensamento, porque não se desfaz do enredamento do poder. Melhor seria se acabássemos com donos. Mas isso suporia outra evolução e outra história. Até segunda ordem, os marginalizados precisam tomar o poder, por mais que essa dialética seja contraditória. Quem toma o poder nele se enreda e muitas vezes a ele sucumbe. Questão de realismo. Mas não se pode esquecer a utopia, sinalizada, por exemplo, no processo evolucionário em animais não predadores, por vezes muito mansos. Se esta metáfora valesse, o ser humano poderia ser manso. O problema é adivinhar se não teria já desaparecido. Na condição atual, violência é parte intrínseca do processo de sobrevivência, porque nossa sobrevivência pode sempre ser parte da sobrevivência dos outros, em sentido ativo (acabar com a sobrevivência dos outros) ou passivo (ser devorado pela sobrevivência dos outros). Na história social podemos reconhecer sociedades bem menos bélicas, embora todas tenham sido e ainda sejam bélicas. Como mostram biólogos mais abertos, o caráter predatório do ser humano, se é de princípio, não pode ocultar que o caráter de convivência social também é de princípio (Ulanowicz, 2009). Não existe ser humano fora do grupo humano. Conviver, menos que opção, é um traço evolucionário e histórico peremptório, até ao momento pelo menos. Daí segue que para tomar o poder não precisa afundar-se num tipo de sina negativa, que levaria impreterivelmente ao abuso do poder. O abuso do poder é intrínseco do poder, bem como o abuso da liberdade é intrínseco da liberdade. Esta unidade de contrários não é solúvel, pois, se fosse, deixaria de ter propriedades dinâmicas e criativas. Problema maior é não ter problema. É fundamental cultivar "bons problemas".

Não se trata de solucionar o que não tem solução aparente. A sociologia não soluciona a sociedade conflituosa e injusta (Demo, 2009b), apenas circunstancia na teoria e na prática limites e desafios da convivência sempre também espoliativa. São possíveis sociedades bem mais humanas, mas não a ponto de não serem conflituosas e injustas. Sociedade sem conflitos e justa só pode ser utopia. Não podemos descartar esta esperança, mas é negativa. Por isso, o não poder é algo apenas visionário. Na prática há poder e antipoder, empapado de virulência maior ou menor, dependendo da cidadania em voga. O antipoder assinala formas de resistência, iniciativas contrárias, modos diferentes de organizar e exercer o poder, em particular quando acena que, sendo o poder ubíquo, a resistência também seria. Sobretudo em face de desafios práticos, parece utopismo supor, por enquanto, pelo menos, práticas históricas destituídas de lutas por poder. Essa pretensão implica outra evolução e outra história, possíveis pelo menos na teoria e na utopia, mas, no momento, ainda etéreas. A crítica é o gesto desconstrutivo, essencial para qualquer proposta alternativa. No entanto, não basta desconstruir. A história pede propostas construtivas, já não mais utópicas, mas concretas, relativas, falíveis. Aí não se trata mais de crítica, mas de proposta, muitas vezes aduzida, muito contraditoriamente, como "crítica positiva". Ora, logicamente falando, crítica positiva não é crítica, porque não pratica a desconstrução. O processo emancipatório necessita, impreterivelmente, da desconstrução, mas tornar-se-ia inócuo se só nisso ficasse. Precisa implicar projeto construtivo, no qual a emancipação não só pode ser concretizada, mas igualmente traída. O problema hermenêutico está em que, ao propor algum projeto emancipatório, a teoria crítica envolve-se com histórias concretas, sempre plurais, multiculturais, relativas. A utopia cede lugar à realidade, perde seu desejo de perfeição, e mergulha no mundo das relatividades. Torna-se fenômeno ambíguo, como tudo na história concreta.

Não cabe igualmente acentuar só o lado desconstrutivo da ciência, esquecendo a reconstrução. Aquele pode ser iconoclasta, enquanto esta só pode ser feita no mundo estreito das realidades concretas. O drama – ou chance – da reconstrução é que não pode fugir da desconstrução. Por isso é escapismo bastar-se com a desconstrução. É fundamental a crítica pós-moderna à ciência reducionista e positivista, não só por conta de equívocos epistemológicos (análise linear, postulação de acesso direto à realidade, pretensão de devassa completa, teoria como retrato direto da realidade), mas também de pretensões neutras e objetivas que mais servem a fins ideológicos que metodológicos. Nem por isso é o caso depreciar o triunfo estrondoso dessa ciência reducionista, tida como troféu maior do eurocentrismo. De um lado, metodologias alternativas (em geral ditas qualitativas) nem de longe são produtivas como as positivistas (embora, em princípio possam ser). De outro, praticadas por vezes com amadorismo gritante, não são páreo para o positivismo (Flick, 2009; Silverman, 2009; Godoi; Bandeira de Melo; Silva, 2006). Por isso, hoje, são menos importantes diatribes exacerbadas entre metodologias rivais do que a produtividade autoral. Esse reconhecimento não invalida a necessidade de questionar o positivismo, mas alerta para a necessidade de não só desconstruir.

Mudar é sempre possível, primeiro porque é componente primário da evolução natural e da história social. A posição contrária é que seria insólita. Só por defeito um ser não evolui, estando submetido irreversivelmente ao desgaste histórico. Na **natureza**, a mudança é, no jargão vigente, **evolucionária**, ainda que esse termo detenha inúmeras polêmicas. No padrão modernista, a natureza é tomada como entidade acabada, linear, estável, regida por leis matemáticas (Dawkins, 1998; Brockman, 2003; Sterelny, 2001). Em visões mais recentes (em geral ditas pós-modernas) admite-se a natureza como dinâmica substancialmente (alguns usam a terminologia dialética) (Fuchs, 2008; Prigogine, 1996; Levins; Levontin, 1985), em respeito à complexidade não linear, em parte imprevisível, tipicamente criativa (Gould, 2002; Ulanowicz, 2009; Drenthen; Keulartz; Proctor, 2009). Referência importante tem sido o conceito de **emergência**: indica que, no processo de evolução, o que há depois é mais do que havia antes, ocorrendo algo criativo. Exemplo sempre aludido é a emergência do pensamento no cérebro: da massa cinzenta (material) brota algo diferente (imaterial) (Edelman; Tononi, 2000). Assim teria surgido a vida, a partir da matéria. Emergência é processo criativo por não ser linear, apenas formal. Desempenham papel importante o acaso, os eventos, as dinâmicas incontroláveis e imprevisíveis, as bifurcações. Na postura tradicional, uma nova espécie surge de uma falha evolucionária ou de algo apenas fortuito (por exemplo, o desgarramento de alguns animais que passam a viver em contexto isolado, acomodando-se a ele), enquanto em visões mais atuais a novidade natural é natural, intrínseca.

Na **sociedade**, em vez de evolução, fala-se de **história**, não apenas como sucessão de etapas, mas como genética, na linguagem dialética (Demo, 1995). Primeiro, torna-se estranha a concepção de sociedades sem história como se alegava no estruturalismo (Morin, 1998. Demo, 2002b), pois se confunde ritmo lento com ritmo nenhum. Toda tribo primitiva também muda, ainda que, aparentemente, sem sair do lugar (De Landa, 1997). Trata-se da mesma concepção equivocada que vê a rocha inerte, aparentemente sem evolução: parece inerte à percepção humana, mas anda como qualquer ser natural. O tempo biológico é de bilhões de anos, não de 80 anos. Segundo, história genética significa que as sociedades se fazem historicamente, sendo sua história componente epistemológico também. Não se entende nenhuma sociedade sem sua história, assim como não se entende nenhuma pessoa sem sua história. Terceiro, insiste-se hoje na religação entre social e natural, desde que se evite o determinismo biológico (Demo, 2002d): não somos seres superiores, apenas evoluídos de maneira específica e fazemos parte da mesma natureza, como sugeria enfaticamente Darwin (Gould, 2002). O ser humano possui qualidades diferenciadas (não superiores), em meio a outras menos desenvolvidas (por exemplo, força física, olfato, audição) (Pitrat, 2009). O sentido da natureza não é o ser humano, porque tem sentido próprio e ele continuaria sem o ser humano.

Na sociedade, a mudança se tornou mais flagrante com as tecnologias, até chegarmos aos tempos atuais freneticamente dinâmicos, por conta das novas tecnologias e puxadas pelo mercado liberal consumista (Lewis, 2000; Naisbitt, 1999; Massumi, 2002). A sociedade informacional (Castells, 1997) é movimentada à velocidade da luz, comprimindo espaço e tempo e colocando para a sociedade infindos novos desafios (Coiro et al., 2008; Warlick, 2004). A vida virtual se torna cada dia mais cotidiana (Castronova, 2005), tendo se tornado realidade no mundo financeiro (dinheiro virtual) (Boltanski; Chiapello, 2005). O mercado capitalista adaptou-se às novas dinâmicas, aprisionando-as em suas malhas, mostrando com isso uma vitalidade surpreendente

(Heider, 2009; Nicholson, 2010; Ciffolilli, 2010). A adaptação da sociedade é mais lenta e problemática (Wesh, 2010), provocando disputas entre "tecnófilos" e "tecnófobos" (Demo, 2009d). A nova geração é mais entusiasmada (Tapscott, 2009; Winograd; Hais, 2008), enquanto a velha se acomoda com maior dificuldade. Corremos o risco de determinismo tecnológico, quando observamos apenas a vertente compulsória (veio para ficar) das novas tecnologias, ignorando-se sua história social e cultural (Dijk, 2005; Fuchs, 2008). Não há, porém, como escapar da pressão tecnológica, também em educação, em especial a partir do mercado que busca decididamente ocupar seu espaço (Demo, 2009a). Nesse sentido, a resistência da escola e da universidade, embora possa deter componentes justificáveis e respeitáveis, comparece como atitude obsoleta, em particular quando se recusa a discutir o assunto. Novas tecnologias não são apenas um meio, são igualmente alfabetização, representando habilidades decisivas hoje (Stevens, 2010). Educação precisa tornar-se tecnologicamente correta: primeiro, não sucumbir ao determinismo tecnológico, principalmente à pressão do mercado; segundo, o olhar do educador deve predominar sempre, entrando em cena, não como resistência, mas com o compromisso de trabalhar as novas tecnologias em benefício da educação para todos.

Entendemos que, perante a voracidade das mudanças tecnológicas capitaneadas pelo mercado, os educadores mantenham um pé atrás. Em parte, os discursos libertários das novas tecnologias são tragados friamente pelo mercado (O'Neil, 2009; Zittrain, 2008; Galloway, 2004). Mas é pouco inteligente apenas resistir, primeiro, porque é resistência inepta (as novas tecnologias, sobretudo o mercado, passam simplesmente por cima), segundo porque há nelas oportunidades pertinentes e que serão as principais daqui para frente, terceiro porque, para poder imprimir-lhes direção educacional, formativa, é indispensável entrar na guerra e participar ativamente, ainda que sempre criticamente e sob risco (Wesh, 2010; Chia, 2010; Nickell; Moore, 2010). Sobretudo, é sarcástico que educadores sejam apontados como principais figuras resistentes às mudanças na escola, pois se contradizem flagrantemente ao declamarem que educadores gostam de falar de mudança, mas não as praticam. A visão de ensino está ultrapassada, o instrucionismo é chaga abjeta, as novas alfabetizações estão na ordem do dia. É preciso mudar, sim (Schneider, 2007).

Oportunidades

Para armar rápido contraponto a Holloway, que elabora proposta radical e inconclusa, podemos observar a expectativa de Santos (2002a), que se interessa por práticas alternativas menos altissonantes, patrimônios históricos diversificados e pretende resgatar desperdícios motivados pela arrogância eurocêntrica. Busca orquestrar pesquisas diferenciadas em vários lugares do mundo, resultando disso um tom mais prático. Recuperar ausências silenciadas e promover emergências potenciais incute a expectativa de que muita coisa seria possível se tivéssemos a habilidade de perceber o gesto alternativo em manifestações por vezes aparentemente residuais ou locais. O risco está em considerar alternativo o que talvez não passe de resquício sistêmico, sem falar em expectativas temerárias, como o socialismo de mercado, geralmente muito criticadas por marxistas mais ortodoxos (Mészáros, 2002). Parece-me difícil garantir que a economia popular seja realmente alternativa, seja porque, estando imersa no capitalismo, sua viabilidade é no fundo capitalista, seja porque não teria condições de contra-hegemonia ou, se tivesse, facilmente redundaria na mesma lógica capitalista, seja porque, geralmente, não vai além da mera sobrevivência, recaindo em coisa pobre para o pobre (Demo, 2002d). A discussão em torno da cooperativa é ainda paradigmática em termos da exaltação dos ânimos. A história tem mostrado, à saciedade, que toda cooperativa exitosa tende a inserir-se no capitalismo, vira grande empresa. Entretanto, em certos níveis, é pertinente a sugestão alternativa, enquanto os cooperativados se mantêm donos dos meios de produção e trabalham para si mesmos (Pochmann, 2002; 2004; Singer; Souza, 2001; Demo, 2002d). O sufoco capitalista impede que desenvolvimentos ulteriores se mantenham socialistas, mas seria impróprio manchar essa práxis histórica com a sina de fracasso anunciado. É monumental a luta de Santos contra o pensamento único neoliberal: não vemos alternativas porque o pensamento único conseguiu apagar a noção de alternativa em nossas mentes e utopias. Daí segue que só entendemos mercado como mercado capitalista, Estado como Estado capitalista, capital como condição capitalista. Socialismo de mercado pode, assim, ser algo digno de atenção, ao tentar combinar a dinâmica de mercado não necessariamente capitalista com o bem comum, numa relação mais adequada de meios (mercado) e fins (democracia) (Benkler, 2006). O risco é óbvio. Quanto mais próximos trabalhamos da matriz capitalista, maior o risco de sermos engolidos por ela. A contra-hegemonia pode facilmente enredar-se na mesma lógica da hegemonia.

A noção desafiadora de comunicação intercultural e de convivência multicultural, por mais que detenha inúmeras dimensões controversas, acena com alternativas no mínimo interessantes e cabíveis, à medida que circunscreve convivências possíveis (Santos, 2004, 2005). O problema está na desconstrução astronômica que é o caso fazer da cultura eurocêntrica (Santos, 2009; Santos; Meneses, 2009). Esse imbróglio pode ser relativamente aquilatado em face da noção de pluralismo. Tomado ao pé da letra, pluralismo significa que é possível permutar valores, crenças, convicções, pelo menos no sentido de alguma convivência pacífica. Aprender dos outros implica também aceitar, ainda que sempre de modo reconstrutivo autopoiético, novas dimensões, em sinal de abertura desimpedida. Na prática, porém, os fundamentalismos se impõem muito mais facilmente. Religiões podem até pregar o pluralismo, mas são incapazes de práticas minimamente adequadas (Demo, 2008a). Imaginar que culturas pequenas, locais, já residuais tenham um dia a mesma oportunidade de fecundar a comunidade internacional é algo que profundamente podemos desejar, mas dificílimo de realizar. Poderíamos aprender muito dessas experiências alternativas, em particular a relatividade de nossas experiências, o que possibilitaria convivências mais elegantes, não no sentido idílico utopista de uma única mesa farta para todos, mas no sentido mais realista da habilidade comum de gerir conflitos democraticamente (Habermas, 1989). É interessante que, nesse contexto, o ser humano perdeu o senso evolucionário da biodiversidade, o que desvela que a formação da inteligência humana sempre se vinculou a projetos de dominação. Quem sabe pensar geralmente quer saber pensar sozinho apenas para si. A natureza, entretanto, mesmo orientada, segundo a hipótese dominante, pela seleção natural, produz diversidade infinita, ilimitada, arquitetando totalidades dialéticas, típicas unidades de contrários (Fuchs, 2008; Ulanowicz, 2009). De uma parte, nada é igual, porque cada ser é individual; de outra, tudo é igual, porque é resultado do mesmo processo evolucionário. Tudo é propriedade da matéria, mas nada se reduz à matéria de onde se originou, assim como pensamento não se reduz à sua base material cerebral (Gardner, 2003; Edelman; Tononi, 2000). Os seres competem por recursos escassos, no quadro da seleção natural, uns destroem os outros por conta da sobrevivência, mas nos seres humanos isso se tornou estratégia histórica dominante, por conta de traços culturais acentuados em direção a hierarquias lineares. Como dizem os biólogos, os seres humanos são *scorekeepers* (orientados para escalonamento), porque em seus relacionamentos sociais não só convivem, como também se medem (Dugatkin, 1999, p. 77), mas essa tendência evolucionária e histórica pode ser democraticamente gerida, do que poderia resultar sociedades igualitárias (Boehm, 1999). A interculturalidade e a multiculturalidade sinalizam claramente a possibilidade histórica de sociedades igualitárias: iguais e diferentes.

Figura 2 – Funcionamento da sociedade capitalista

```
Sagacidade capitalista
         ↓
Digere a crítica, aprende dela
         ↓
Flexividade capciosa esconde rigidez
         ↓
Engole os críticos e os domestica
         ↓
Sabe se vender, se maquiar
```

É sempre motivo de preocupação a longevidade do capitalismo, não só porque Marx imaginava ver sua superação ainda em vida, mas principalmente porque, sendo sistema tão predatório, é difícil engolir sua permanência, ainda mais quando envolta em pensamento único. Muitos gostariam de prever a derrocada do capitalismo (Kurz, 1997), mas tem sido exercício banalizado, já que geralmente não ultrapassa a percepção imediatista de suas mazelas horrorosas. Ao contrário do que a ideologia neoliberal apregoa, em particular nas teses sobre o fim da história, capitalismo é fase. Como fase, pode-se imaginar outros modos de organizar a produção econômica e a vida em sociedade. A prepotência desse sistema, em especial de seu apóstolo maior, os

Estados Unidos, instila a ideia de que é inimaginável supor outras configurações. É nesse contexto que a obra de Santos detém uma importância singular, porque sabe navegar em mar revolto com canoa frágil e esperta. Sabendo que alternativa não é coisa que possa morrer nem ser esterilizada, garimpa onde pode sinais da diversidade criativa, pois não há sistema, por mais compacto que pareça, que não rache em algum lugar. O sistema capitalista racha em todos os lugares, porque é desumano sem tréguas nem fronteiras. Este é o sinal maior: trata-se de sistema impossível, hoje mantido sob o peso da imbecilização mundial. Por isso é tão crucial o olhar epistemológico alternativo: precisamos de um saber pensar alternativo para chegarmos a alternativas. **Primeiro**, é essencial libertar o saber pensar do arrogante saber pensar eurocêntrico. **Segundo**, é preciso garimpar em outras culturas, também locais e aparentemente residuais, eflúvios alternativos. Temos o desafio descomunal de desbancar a ciência moderna como tradutor único das culturas rivais. Assim como é temerário invadir os lugares santos do mercado liberal, é temerário invadir os lugares santos da ciência moderna, inclusive universidades. Há aí mais religião fundamentalista do que se imagina.

Embora nem sempre me pareça muito convincente a ligação de Santos com a concepção de temporalidade (alargar o presente, contrair o futuro), o que há de importante é o resgate da experiência alternativa, bem como a promoção de emergências criativas. Sem dúvida, grande parte da humanidade está a serviço do projeto capitalista que a usa como mera mão de obra, consumidor, marginalizado útil, gastando suas vidas à sombra dos privilégios minoritários que é condenada a sustentar (Bauman, 2005). Seu presente é fugaz, porque devorado no torvelinho de mudanças que não entende, das quais é apenas vítima. Não desfruta a vida. Em culturas alternativas é sempre possível descobrir outros modos de levar a vida, talvez mais lúdicos, menos frenéticos, mais comunitários, menos estressados, menos quantitativos, mais qualitativos. O ritmo de vida que o capitalismo nos oferece é alucinado, dominado por trabalho produtivo mercantilizado, no qual se abstrai o toque humano, substituído pelo caráter abstrato da mercadoria (Hallowell, 2006; Gleick, 1999). As pessoas não possuem em suas vidas sua razão própria de ser, mas a serviço do mercado liberal. São consumidas como meros consumidores, trabalhadores precários, mercadoria, encaixadas na marginalidade do sistema. Quanto ao futuro, será importante conquistar o direito a experiências alternativas, cujo objetivo será mostrar que, em nome das utopias, primeiro, nada satisfaz plenamente, mas, segundo, há o que pode satisfazer mais e menos, tendo como critério maior a interculturalidade das experiências.

Mudar o mundo sempre foi uma empreitada para religiões, as quais acreditam em parâmetros eternos, pelo menos no Ocidente. A ciência tem pouco a dizer, ainda que seja, talvez, o fator principal das mudanças. Essa ideia, entretanto, vagueia entre os extremos de uma radicalidade já sem limites e que morre na sacristia e os de outra já domesticada, que se esvai no próprio sistema do qual queria se despregar. Mas o drama maior não está aí, está na dificuldade histórica de inventar **inovadores coerentemente inventivos**. O espectro que nos ronda é que mudar o mundo também foi, muitas vezes, signo de ditaduras horripilantes, ao confundirem mudança com procedimentos de tutela linear, a par de ter sido também signo de esquerdas que, chegando ao poder, tornaram-se direitas ainda mais virulentas. Essa discussão pode ser mais bem contextualizada, usando a referência da relatividade sociológica (sem relativismos). Toda proposta de mudança, mesmo alimentando-se de inspirações utópicas (para ser realmente alternativa), realiza-se na relatividade histórica. Não poderia admirar que, enredando-se na trama do poder, nela sucumba. Isso não retira a possibilidade sempre aberta de alternativa, já não utópica, mas relativa. É possível uma democracia mais aprofundada, um controle democrático mais efetivo debaixo para cima, transparência gerencial da coisa pública bem mais visível. Já estamos habituados com a discrepância, geralmente total, entre promessas de campanha e subsequentes governos. O que é questionável é a discrepância excessiva, pois há um embuste típico, mas em si, certa distância faz parte da unidade de contrários. Questionar o poder e exercer o poder não podem ser grandezas idênticas. Por isso, talvez seja sabedoria sociológica sugerir que **quem pretende mudar não deveria gerir as mudanças**.

A mudança imediata de que precisamos no momento é a inserção adequada no mercado de trabalho, mas que é nó mais duro da discórdia capitalista. É o transe que nos apavora: queremos superar o capitalismo, mas precisamos sobreviver nele. A maneira ainda mais honrosa de sobrevivência é o emprego, assim como o imaginávamos no *welfare state*: regulado pela cidadania, não pelo mercado desregulado.

Observando bem, não há propriamente nada de muito novo nesse cenário capitalista: o trabalho sempre foi mercadoria precária e seu acesso sempre foi regulado a despesas do exército de reserva, não pelos direitos sociais. A noção de pleno emprego nunca deixou de pairar no ar, mas nunca passou de momento esporádico (no início do *welfare state* em alguns países centrais, por exemplo), porque jamais foi vocação do sistema (Braudel, 1993). O projeto keynesiano* foi uma resposta à crise intensa do sistema produtivo que, sendo incapaz de inserir no mercado a massa de trabalhadores, pedia a intervenção do Estado, antes intensamente abominado pela visão liberal de mercado. Na verdade, é conversa fiada: abomina-se o que se deseja mais intensamente, ou seja, um Estado a serviço do capital. No mundo das grandes empresas não há leis de mercado (Polanyi, 2000) porque elas as fazem, mas não as cumprem (Amsden, 2009). São as pequenas empresas que têm de se adequar à concorrência, cumprir a legislação, honrar compromissos e, sobretudo, empregar a população que quer trabalhar. Na fase da globalização, as coisas tornaram-se ainda mais complexas: a competitividade, orientada pela ciência e pela tecnologia (mais-valia relativa) (Gorz, 2005) consegue crescer e desempregar, esvaziando um dos consolos históricos mais colimados: crescer para empregar. Hoje isso só é possível em espaços de atuação de pequenos empreendimentos, onde também a pressão tecnológica é menor. Torna-se ainda mais

---

* Keynesianismo – teoria econômica desenvolvida por John Keynes que consiste em uma organização político-econômica oposta ao neoliberalismo e afirma que o Estado é o agente indispensável de controle da economia.

esquizofrênico o mundo da produção capitalista: o grande capital não tem qualquer vinculação com o emprego da mão de obra disponível, porque se orienta pela produtividade tecnológica de ponta e lucrativa exclusivamente, hoje encerrada, por sarcasmo extremo, no cassino tipicamente improdutivo (Dupas, 2006), sendo que, no outro lado, o pequeno empreendimento ainda emprega porque cultiva modos atrasados de produtividade. À medida, porém, que entra no circuito da produtividade competitiva globalizada, esse efeito social importante vai murchando até praticamente desaparecer. A globalização competitiva tem sido maléfica ao extremo em termos sociais (Stiglitz, 2002), colocando a impossibilidade prática de inserir multidões desempregadas.

Esse desacerto apresenta o desafio da hora e aponta fixamente para a necessidade de mudança. O problema é que a mudança em jogo coloca em xeque o neoliberalismo de alto a baixo: a sociedade não pode ser regulada pelo mercado capitalista. É preciso encontrar um tipo de regulação que passa essencialmente pela cidadania das grandes maiorias. Já não esperamos mais que a mudança venha do mercado, porque não há proposta mais estúpida do que aquela que acha que o mercado, por si mesmo, no jogo livre da concorrência e das liberdades individuais centradas na apropriação privada, encarrega-se da equidade social. Os olhos estão voltados para a cidadania, que pode ser ou o levante das massas, como imaginam Hardt e Negri (2001) e o grito indomável de Holloway (2003), ou algo similar ao início do *welfare state*, a saber, mobilização ampla de tendência menos violenta, mas não menos efetiva (Gohn, 2005).

A mudança da mudança, *hic et nunc*, é a exigência incontornável para superar o capitalismo. Não que isso seja tudo, nem de longe. Mas sem isso não se consegue ver quase nada além do horizonte, porque quase tudo é miséria, exclusão, humilhação. Não há coisa mais politiqueira que mercado capitalista: esconde-se atrás de pretensas leis para tripudiar ainda mais das massas indefesas.

Está presente tanto em Holloway quanto em Santos uma questão de fundo das mais desafiadoras em termos de mudar o mundo. Como estamos imersos na cultura eurocêntrica, imaginamos mudar o mundo conforme o cânone desta cultura, sob a batuta do progresso tecnológico, capitalismo liberal, domínio e espoliação da natureza, ciência moderna. Diante dessa voragem, torna-se difícil pensar em alternativas que não se encaixem em expectativas prepotentes, também porque essa prepotência tem nome: **potencialidade disruptiva do conhecimento científico** (Bova, 1998). Ela é comum ao ser humano em qualquer cultura, mas no Ocidente atingiu seu paroxismo à medida que a tudo questionou e apressou o passo das mudanças, atingindo a velocidade da luz na era da informatização (Burke, 2003; Castells, 1997). A pergunta é: Haveria alguma cultura capaz de resistir a essa voragem? Quando mudar significa dominar, muda-se de qualquer maneira. Assim como é difícil desligar o saber pensar do colonialismo eurocêntrico, não é menos difícil aceitar as outras experiências de que é feito este planeta, riquíssimas em si e por vezes muito alternativas, e que possam ter a mesma chance. De certa forma, a teoria da evolução por meio da seleção natural abriga esta ferocidade:

sobrevive quem pode, ou por ser mais forte, ou por ser mais esperto, ou por ser ambos. O recado pareceria ser: a cultura que não se impõe, será tragada e no máximo comparece como matéria-prima de outra(s). Se dermos trela a este tipo de visão, nos enredamos no eurocentrismo que no fundo acredita que sua prepotência é de mérito, por conta da seleção natural. Ocorre que, numa percepção complexa não linear da realidade, culturas dominadas não têm como chance única subordinar-se, ainda que esse espectro as ronde continuamente. A potencialidade disruptiva não é propriedade exclusiva do eurocentrismo. Um mundo muito diferente daquele eurocêntrico é possível e talvez, mais que tudo, desejável. Enquanto Holloway propõe o grito de resistência, que não basta, Santos propõe uma teia de iniciativas alternativas, pequenas em si, mas capazes de potencialidade, se puderem organizar-se em redes aptas a se confrontarem com a globalização hegemônica. A sociedade eurocêntrica não é modelo para nada, a não ser de progresso tecnológico, mas que também é o signo do desvario.

Sendo a potencialidade disruptiva patrimônio comum, porque é herança biológica comum, implica ainda que as identidades não podem ser conservadas como patrimônios fixos. A dialética assegura que só permanece idêntico o que muda continuamente. Não se trata de identidades fixas, mas dinâmicas, complexas, não lineares (De Landa, 1997). A aprendizagem intercultural não pode ter apenas uma direção: será recíproca. E nisso reside uma das contribuições mais soberbas de ambos os autores: para mudar o mundo, é imprescindível mudar a forma como pensamos o mundo. A mudança de olhar epistemológico é decisiva, para que seja possível um saber pensar mais comprometido com a ética do bem comum, pluralista. Ao lado do apego neoliberal, fincado no mercado competitivo globalizado, a ciência moderna representa um dos entraves mais duros para mudanças mais profundas de sentido multicultural. No conhecimento científico não está apenas a potencialidade disruptiva, mas igualmente o baluarte da prepotência colonialista.

Acenos (e contradições) virtuais

O mundo muda, com certeza. No começo do século XXI essa certeza parece bem nítida, ainda que possa ser exagerada, ao se pleitear que a virada do milênio seja uma mudança radical. Virar um milênio pode não significar nada, a não ser a invenção de simbologias triviais e úteis, em especial para as consumirmos submissamente. De todos os modos, as novas tecnologias sinalizam ventos fortes, por vezes cáusticos, que sopram em inúmeras direções, causando estragos consideráveis. Vemos claramente dois movimentos: um procura domesticar esse vento, transformando-o em mudança sustentadora da ordem vigente; o discurso gira em torno da marca instrumental da tecnologia, da continuidade das coisas (do capitalismo, por exemplo, mesmo que em contexto diverso), da capacidade de resposta das instituições vigentes. Outro escancara a novidade irresistível e compulsória, sinalizando o corte disruptivo (Fuchs, 2008; Demo, 2009d). O signo dessa dialética é a discussão em torno do aproveitamento das novas tecnologias para reconfigurar a política, a exemplo do processo eleitoral de Obama nos Estados Unidos: para alguns, trata-se de inserções atualizadoras dentro dos mesmos processos; para outros, é outro processo (Dean; Anderson; Lovink, 2006; Tapscott, 2009; Winograd; Hais, 2008): a tentativa de encaixar processos políticos antigos nas novas tecnologias reproduz configurações obsoletas.

Reconstruímos preliminarmente algumas problematizações em torno do uso das novas tecnologias (Dean et al., 2006a), não para colocar gosto ruim, mas para evitar excessos e crendices que não fazem mais que reafirmar as farsas da democracia liberal. A obra de Dean et al. (2006a) representa tentativa inicial dessa problematização. A primeira impressão é que tudo é ainda muito ambíguo, para afirmarmos promessas ou resistências. De uma parte, Organizações da Sociedade Civil (OSCs) podem se aproveitar das redes sociais virtuais enormemente, quando menos para se comunicarem desimpedidamente e negociarem consensos e programas mais globais (Sassen, 2006). De outra, redes sociais são expressões que acarretam mudanças relevantes de paradigma associativo, a começar por sociabilidades virtuais não submetidas a restrições comuns de espaço e tempo. Acresce a isso a presença da *power law* (lei do poder): nas redes sociais formam-se naturalmente clivagens entre alguns que concentram o poder e muitos que não o têm, ou seja, abertura em rede não produz necessariamente igualdade na distribuição resultante (Shirky, 2006; Hindman; Tsioutsiouliklis; Johson, 2010). As próprias associações são, muitas vezes, bem menos democráticas do que se proclamam e isso não é diferente no mundo virtual. Tomando o mundo financeiro, hoje plenamente encaixado em redes sociais, Sassen reconhece que, mesmo que as tecnologias tenham elevado o número de participantes (investidores e centros financeiros) e o volume geral do mercado global financeiro, os líderes aumentaram sua partilha global, em parte por conta da *power law*, muitas vezes, uma pequena minoria se destaca e toma conta da situação. Segundo Shirky (2006), diversidade mais liberdade de escolha tendem a configurar desigualdade; se a diversidade for maior, maior será a tendência à desigualdade. Alguns falam da regra 80/20 ou da expectativa o vencedor se apodera de tudo (*winner takes it all*), dentro de um contexto no qual a liberdade de escolha torna inevitável o surgimento de estrelas. Parece que as escolhas das pessoas se afetam mutuamente, seguindo uma tendência de concentração de poder. As escolhas deixam de ser aleatórias, tornando-se preferenciais: o primeiro usuário de um *site* pode até portar-se aleatoriamente, mas os seguintes tendem a levar em conta as escolhas feitas e ajeitar-se a elas. Essa tendência é ubíqua, tanto assim que já não se coloca a expectativa de que redes sociais poderiam livrar-se dela, mas até que ponto a desigualdade seria "tolerável". "As estrelas surgem não por conta de alguma preferência particular grupal um pelo outro, mas por causa da preferência de centenas de outros apontando para elas. Sua popularidade é o resultado de um tipo de aprovação distribuída que seria difícil apagar" (Shirky, 2006, p. 40).

A democracia liberal acentua liberdades individuais e o consumidor individual dentro do capitalismo comunicativo (Dean; Anderson; Lovink, 2006b). As análises muitas vezes ignoram o quanto essa perspectiva aposta na passividade do consumidor, à revelia do discurso excitado de participação. O contraponto mais importante, porém, é que a governança pós-democrática, quando subsidiada pelas TICs, maneja filiações e engajamentos muito diversos da democracia usual, a qual funciona por representação, prestação de contas e legitimidade institucional limitada a espaços nacionais. A própria configuração do associativismo muda profundamente, em parte por conta da virtualidade (participação anônima), em parte porque limites físicos se tornam pouco importantes ou desaparecem (redes globalizadas), em parte porque, não havendo interação face a face, os modos de engajamento se estruturam de maneiras bem diversas (Norris, 2010; Jenkins, 2006; Dahlgren, 2010; Escobar, 2010; Kahn; Kellner, 2010). Apesar do tom pós-moderno da cidadania cibernética, constata-se uma dificuldade enorme de as OSCs construírem organizações complexas (Poster, 2010). "A questão da representação na sociedade em rede se tornou não solúvel" (Dean; Anderson; Lovink, 2006b, p. 19). Formatos antigos não funcionam mais em redes virtuais, sem falar que é impróprio considerar a tecnologia como uma mera ferramenta: ela pode destroçar a imagem democrática, à medida que limites nacionais são ultrapassados, política e cultura se misturam, outros atores entram em cena etc. Isso, porém, não pode impedir de se questionar as novas tecnologias.

> *Uma história popular (e romântica) da internet é da liberdade e empoderamento – de hackers fora da lei; da libertação do espaço carnal; da liberdade de constrangimentos de identidade de raça e gênero; do poder de dizer tudo, criar tudo, conectar-se com todo mundo – muitas vezes com um tom decididamente libertário.* (Dean; Anderson; Lovink, 2006b, p. 26)

A noção de rede nos induz não só a ver nela os pontos de conexão, mas igualmente o enredamento alinhado. Tal qual na discussão sobre sistemas, acentua-se sua maleabilidade e abertura, deixando-se de lado que, para ser sistema, suas fronteiras não são menos importantes (Fuchs, 2009), sinalizando mudanças **dentro**, não **do** sistema. Para recuperar a noção mais aberta de redes sociais, tem se sugerido outra expressão: *issue network* (rede por questões de interesse). As pessoas se congregam de maneira muito diferente das associações físicas usuais:

i) coligam-se e mobilizam-se pela questão em foco, enquanto durar essa questão;
ii) tais questões é que formatam os movimentos, dando-lhes sentido, nem sempre muito duradouros;
iii) compareçem sempre antagonismos, próprios de dinâmicas de poder (Marres, 2006).

A presença natural de tais antagonismos já é suficiente para reconhecer que redes também produzem alinhamentos, não só flexibilidade. As pessoas se mobilizam por questões que afetam profundamente suas vidas, não resultando daí, necessariamente, associativismos permanentes. Há de se levar em conta que em redes virtuais a filiação é frouxa: não há controle e sequer se sabe bem quem se filia e desfilia. Por isso, passou-se a valorizar também a informalidade dos movimentos virtuais como algo positivo, pois "a rede funciona como uma forma subinstitucionalizada de organização" (Marres, 2006, p. 10). Ao lado da necessidade mínima de organização institucionalizada, é fundamental apreciar seu tom desinstitucionalizante, desestruturante, no fundo próprio de toda nova tecnologia. Vale, porém, observar igualmente o outro lado: "Certo grau de centralização e hierarquização parece essencial para uma rede ser caracterizada como organizada" (Rossiter, 2006, p. 22). Análises apressadas ignoram tais ambiguidades, escamoteando tendências contraditórias sempre presentes: redes sociais não só combatem formas tradicionais de poder, criam outras, nem sempre mais arejadas.

A questão da representatividade democrática pode ser profundamente alterada por redes, em especial quando globais. Sendo representatividade marca nacional e estatal, isso não se reproduz nas redes virtuais, provocando dinâmicas bem mais flexíveis e bem menos controláveis, ao mesmo tempo em que abrigam antagonismos bem mais ostensivos. Democracias sempre foram conglomerados dialéticos, nos quais oposição é dinâmica integrante essencial (Mouffe, 2006, 2009). Entrando em cena redes sociais virtuais, tais antagonismos podem se exacerbar, também por conta da dificuldade muito maior de produzir atividades e resultados palpáveis. Não se constitui virtualmente um "nós", como seria o caso de associações físicas. Assim, "democracia representativa em cenários *on-line* resulta em nada mais que a reprodução de um *status quo*" (Rossiter, 2006, p. 25). Seguindo a análise de Mouffe (2009) em torno do paradoxo democrático, os movimentos sociais virtuais são naturalmente paradoxais. Sua ambiguidade permite acentuar maravilhas da interação livre, de hierarquias mais arejadas, de sistemas mais abertos e, ao mesmo tempo, não deixar de observar suas armadilhas. Por exemplo, a crença difundida em torno da marca libertária e aberta do *software* livre (*Free-Libre and Open Source Software* – Floss) poderia ser questionada. Embora surjam em tais ambientes novidades gestoras que poderiam servir para retemperar as democracias decadentes, esquece-se que redes coletivas se estruturam também em torno de relações de poder, inevitavelmente. É comum a vinculação com noções de multidão, como categorizada por Hardt e Negri (2001, 2005): dinâmica heterogênea, disruptiva, revolucionária, não controlável, criativa. Essa perspectiva seria a maneira mais apropriada para se contrapor ao capitalismo vigente, sendo multidão a última instância da sociedade não tragada pelo mercado liberal. Segundo King (2006a), analisando redes sociais, estas não se enquadram em apelos tão radicais de abertura, a exemplo do *People's Global Action* (PGA, 2010). Mesmo alegando não possuir membros propriamente nem personalidade jurídica ou representantes oficiais, sendo apenas uma ferramenta de mobilização, carece de estrutura mínima para existir e ser reconhecido, retornando ao paradoxo: um movimento rompedor necessita não se romper, ou seja, necessita estruturar-se para produzir mudança*. Por trás de movimentos que se pregam abertos aparecem, naturalmente, lideranças que tendem a não ser contestadas e a se

---

* Compromissos sempre reiterados pelo PGA: "a very clear rejection of capitalism, imperialism and feudalism; all trade agreements, institutions and governments that promote destructive globalization; ii) a rejection of all forms and systems of domination and discrimination including, but not limited to, patriarchy, racism and religious fundamentalism of all creeds... An embracing of the full dignity of all human beings; iii) a confrontational attitude, since we do not think that lobbying can have a major impact in such biased and undemocratic organizations, in which transnational capital is the only real policy-maker; iv) a call to direct action and civil disobedience, support for social movements struggles, advocating forms of resistance which maximize respect for life and oppressed peoples rights, as well as the construction of local alternatives to global capitalism; v) an organizational philosophy based on decentralization and autonomy" (King, 2006, p. 48). ("Uma clara rejeição do capitalismo, imperialismo e feudalismo, de todos os acordos de comércio, instituições e governos que promovam a globalização destrutiva; ii) uma rejeição de todas as formas e sistemas de dominação e discriminação incluindo o patriarcalismo, o racismo, o fundamentalismo religioso de quaisquer credos e muitos outros... Um apanhado da dignidade de todos os seres humanos; iii) uma atitude confrontadora, uma vez que nós não acreditamos que o *lobby* terá grande impacto em organizações tão parciais e antidemocráticas, nas quais o capital transnacional é o único verdadeiro formulador de políticas; iv) uma convocação direta à ação e à desobediência civil, apoio às causas dos movimentos sociais em defesa de formas de resistência que maximizem o respeito à vida e aos direitos dos povos oprimidos, bem como a construção de alternativas locais para o capitalismo globalizado; v) uma filosofia organizacional com base na descentralização e na autonomia").

tornarem vitalícias (O'Neil, 2009). "*Software* livre é em geral duramente controlado por um pequeno grupo de pessoas" (King, 2006, p. 51). Esse pequeno grupo também detém virtudes dignas de reconhecimento: dedicação, carisma, *expertise*, participação... Mas o discurso em torno da abertura sem limites apenas esconde seus limites, tal qual na crítica de Freeman contra a tirania da falta de estrutura (2010), nas disputas feministas. Por trás da falta de estrutura escondem-se facilmente gangues que se apoderam da promessa libertária (Leiner et al., 2010; Griffiths, 2010).

Sendo tudo, porém, tão ambíguo (dialético), também é possível apreciar tendências de consumo menos alinhadas, até porque estas são hoje parte dos processos produtivos. Sempre se pode alegar, como Boltanski e Chiapello (2005), que o capitalismo soube sagazmente digerir esse tipo de participação, fazendo dela parte da mercadoria. Certamente. Mas, mesmo assim, parece preferível um consumidor que reclama e pressiona dentro do sistema. O sistema não se orienta pela ética social, como aparece no debate candente em torno do jornalismo (Bruns, 2005, 2010; Gallo, 2010). É conhecida a alegação de Gelb (ex-editor do *New York Times*) de que "os jornalistas não estão no negócio da verdade, estão no negócio das notícias" (Pantic, 2006, p. 57). Surgiram jornalismos *on-line* (*blogs* de notícias, sobretudo) que assumem o compromisso de retestar as notícias oficiais, servindo como referência corretiva (Cutter, 2010; Phipps, 2010; Caroll, 2010). A multidão de jornalistas espalhados pelo mundo, por vezes perto ou dentro dos fatos a serem noticiados, facilmente contradiz os relatos oficiais monitorados por interesses maiores. Essa participação é de vital importância, mas não é imaculada, seja porque muitos são amadores, seja porque tudo é interpretação, seja porque, no jogo da ideologia, tudo também acaba sendo ideologia. Palfrey (2006), analisando o experimento em si muito interessante do *Internet Corporation for Assigned Names and Numbers* (Corporação da Internet para a Atribuição de Nomes e Números) (ICANN), reconhece o mérito técnico desta iniciativa fundada em 1998 como organização sem fins lucrativos e marcada pela abertura e representatividade dos membros em sua direção. Percebe não menos que a experiência foi decaindo naturalmente para um processo de gestão bem menos democrático (na eleição de 2000, havia, na cúpula, cinco eleitos e 14 não eleitos), em parte porque as tarefas são eminentemente técnicas, em parte porque fundadores carismáticos se prolongam na instituição, em parte porque, tornando-se os membros muito numerosos, a representatividade se apresenta cada vez mais problemática, em parte porque é difícil largar o poder.

capítulo V

Dinâmicas generativas da aprendizagem e do conhecimento

Tecnologias podem ser generativas, quando concebidas e efetivadas de maneira que deixem espaço para os usuários as refazerem conforme suas necessidades e expectativas (Zittrain, 2008). Trata-se de autorias feitas de tal maneira que provoquem ulteriores autorias, transformando o ambiente tecnológico em dinâmica de experimentação individual e coletiva infinda. São tecnologias que imitam as dinâmicas de aprendizagem e conhecimento, incentivando a abertura à experimentação e imprimindo em cada processo o tom da interpretação e reconstrução a gosto. Imitam igualmente a hermenêutica da linguagem humana (Demo, 2001a), na qual toda ideia é *remix* de outras, tornando-se impossível fechar uma ideia, o que a torna naturalmente patrimônio comum. Isso já bastaria para alentar os movimentos do *software* livre, inspirados em tais bens comuns e que não poderiam ser privatizados (Fuchs, 2008; Benkler,

2006). Cresce a expectativa de que as novas tecnologias, assentadas nas dinâmicas da *web* 2.0 (Demo, 2009a), possam ser usadas para incrementar e aprimorar tais dinâmicas da produção aberta, crítica e criativa, tornando professores e alunos autores versáteis (Silver; Willians; Mcoumond, 2010; Bronack et al., 2010; Brown, 2010; Bruns; Humphreis, 2010). Em vez de autoria proprietária, fomenta-se autoria distribuída, como na Wikipédia: todo texto permanece aberto e discutível, admitindo versões ulteriores sem fim, conforme a participação de cada editor orientado pela autoridade do argumento, não do argumento de autoridade. Esta talvez seja a marca principal das novas epistemologias: conhecimento discutível fundamentado tão bem que possa sempre ser refeito (Demo, 2008a).

Neste capítulo, buscamos conjugar a discussão sobre tecnologias generativas com as dinâmicas da aprendizagem e do conhecimento, rumando para uma visão educacional encaixada em expectativas do mundo atual: pedagógica e tecnologicamente corretas. **Pedagogicamente corretas** significa a capacidade de lidar adequadamente com a aprendizagem de teor reconstrutivo, interativo, criativo e crítico, superando-se o instrucionismo reprodutivo hoje dominante na escola e na universidade (aula instrucionista e apostila). **Tecnologicamente corretas** significa a habilidade de participar das novas tecnologias ativa e criticamente, transformando-as em ambientes virtuais de aprendizagem, não em ilustração e apoio ao instrucionismo (Karpati, 2010; Oblinger; Oblinger, 2005; Oblinger, 2010b; Oblinger; Barone; Hawkins, 2010). Segundo Zittrain (2008), a generatividade também é referência ambígua: pode significar abertura relativamente desimpedida (exemplo da Wikipédia: todos podem editar), como pode significar apenas uma abertura dentro de um sistema fechado (liberdade sob controle). O que mais chama a atenção é a dificuldade (impossibilidade?) de manter a abertura desimpedida, por causa do risco de vandalismo, já que o preço da liberdade é seu abuso (O'Neil, 2009). A promessa de que todos podem editar está murchando a olhos vistos, cercada de regras e disciplinas crescentes, sem falar que já temos textos protegidos (que não podem mais ser editados, ou apenas sob certas condições) (Lih, 2009).

Figura 3 – Formas de conhecimento

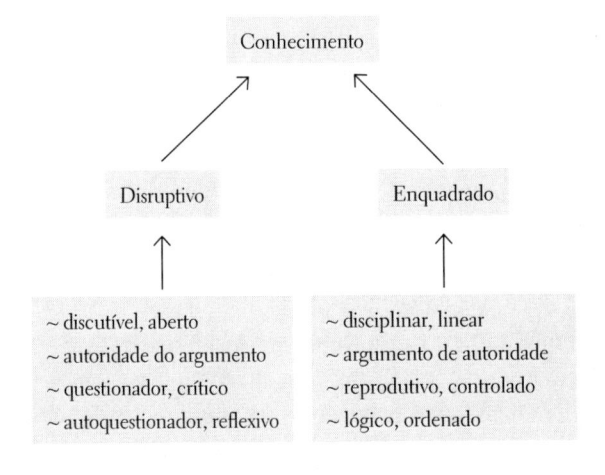

```
                    Conhecimento
                    ↗         ↖
                  /             \
            Disruptivo        Enquadrado
                ↑                 ↑
  ~ discutível, aberto      ~ disciplinar, linear
  ~ autoridade do argumento ~ argumento de autoridade
  ~ questionador, crítico   ~ reprodutivo, controlado
  ~ autoquestionador,       ~ lógico, ordenado
    reflexivo
```

No campo da aprendizagem e do conhecimento, essa problemática surge no processo de formação da autonomia e autoria: de um lado, sistemas educacionais mantêm tendência ostensiva de controle das mentes, servindo, para tanto, principalmente didáticas instrucionistas (Demo, 2004b); de outro, propostas alternativas (construtivismo, sociointeracionismo, autopoiese, maiêutica etc.) perseguem ambientes nos quais o aluno possa tornar-se autor de sua própria história. Pode-se alegar, nesta ambiguidade infinda, que nem reprodução pode ser completa, nem autonomia/autoria. Na prática, tudo é *remix*, coisas novas feitas de coisas velhas, como sempre procede a natureza: inventou a vida a partir da matéria preexistente; não cria nada do nada, mas sempre reconstrói o que existe, dentro da dinâmica da emergência.

Conhecimento disruptivo e enquadrado

A dinâmica não linear do conhecimento (Demo, 2002a) expressa o movimento natural de recomposição constante e infinda evolucionária, de teor mais radical, à medida que, no processo emergente, aparecem ondas/bifurcações criativas para além do que havia antes (Norretranders, 1998). A natureza, em parte se repete, à medida que mantém sua identidade histórica e dialética, em parte se recria, à medida que imprime a marca evolucionária da biodiversidade sem fim (Ulanowicz, 2009). Conhecimento disruptivo sinaliza movimentos mais radicais, que podemos, num primeiro momento, representar pelas tecnologias sucessivas e mais complexas que vão surgindo na história social. Em parte, superam a etapa anterior, em parte a levam em frente, estabelecendo, ao lado de continuidades, cortes mais ou menos profundos. As novas tecnologias, mesmo insistindo na novidade, também são compostas de componentes anteriores, dentro da lógica do *remix*: todo processo novo se origina dentro de processos anteriores e, assim, tanto os nega quanto os continua. O fluxo natural e histórico expressa essa dupla face: a maneira de continuar é mudar, e a maneira de mudar é continuar. Nada pode ser tão radical que se crie do nada. Nada pode apenas continuar, já que continuar é evoluir.

Figura 4 – Conhecimento disruptivo.

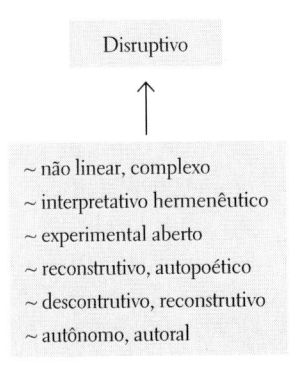

Disruptivo
↑
~ não linear, complexo
~ interpretativo hermenêutico
~ experimental aberto
~ reconstrutivo, autopoético
~ descontrutivo, reconstrutivo
~ autônomo, autoral

No conhecimento disruptivo predomina o corte, o rompimento, a interrupção, como é o caso de invenções marcantes como a escrita, a imprensa, a digitalização, para ficarmos em exemplos da produção textual. A autoria é mais marcante, mas em toda autoria há o processo de *remix*, tendo em vista que nenhuma ideia é, em si, completamente original. Não havendo mente propriamente original, não há autoria completamente original. É original, porém, em sua história própria, individual, subjetiva. Conhecimento disruptivo aponta para sua marca desconstrutiva, questionadora, discutível, mantendo-se aberto a novos apontamentos, tendo em vista que a coerência da crítica está na autocrítica. Não se basta, porém, com a desconstrução. Segue em frente com a reconstrução, mas em tom aberto: a reconstrução tem como destino ser desconstruída a seguir. Trata-se de uma forja imorredoura que se alimenta de um fogo dialético que mantém seus processos e produtos abertos e discutíveis. Já no conhecimento enquadrado predomina a ordem, o alinhamento, o controle metodológico e paradigmático, repercutindo sua marca socializadora alinhada. No conhecimento disruptivo vibra a autoridade do argumento, sem apelo autoritário, montada na habilidade de argumentar, fundamentar, de tal modo que toda fundamentação não pretenda ser final. Fundamentar não significa encerrar a discussão. Ao contrário, significa buscar o fundamento que mantenha o texto discutível no sentido de merecer ser discutido. No conhecimento enquadrado domina o argumento de autoridade, reprodutivo, alinhado, sendo sempre mais decisivo observar regras, métodos, disciplinas, do que inovar.

No conhecimento disruptivo leva-se em conta sua complexidade/ambiguidade, também para dar conta de maneira menos reducionista da complexidade/ambiguidade da realidade (Demo, 2002a). Trata-se de dinâmica interpretativa e hermenêutica, no sentido do ponto de vista do observador participativo que não só analisa, mas igualmente constrói seu objeto de análise (Demo, 1995). Pratica experimentações abertas, tentativas, aproximativas, ao reconhecer que nenhuma teoria enquadra a realidade como tal, apenas certas facetas monitoradas por hipóteses de trabalho. Os resultados são marcados por horizontes autônomos e autorais, à medida que modos próprios (individuais e subjetivos) de observar a realidade também são constitutivos do texto. Todo conhecimento pratica algum reducionismo, pois não retrata a realidade externa assim como ela é, mas assim como se observa. Toda teoria está submetida a essa restrição: saca da realidade a ser analisada certas propriedades acertadas hipoteticamente na teoria, montando um contexto idealizado formalmente, para caber no método. O positivismo exagera no reducionismo, pleiteando a correspondência direta (neutra, objetiva) entre pensamento e realidade, enquanto a dialética se mantém cética quanto a isso: como também é metodologia formal (ainda que autoquestionadora de seus formalismos), não escapa ao reducionismo, mas não o transforma em fetiche epistemológico.

Figura 5 – Conhecimento enquadrado

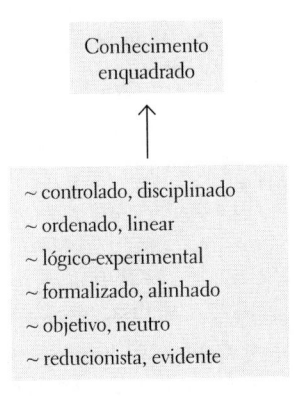

Conhecimento enquadrado
↑
- ~ controlado, disciplinado
- ~ ordenado, linear
- ~ lógico-experimental
- ~ formalizado, alinhado
- ~ objetivo, neutro
- ~ reducionista, evidente

O conhecimento enquadrado comanda o lado disciplinar, ordenado, linear, a reboque de hipóteses positivistas que mantêm a visão estática e reprodutiva da natureza e da sociedade. Imaginando-se representar diretamente a realidade (evidência empírica), pleiteia objetividade e neutralidade, ignorando a marca social, multi e intercultural do conhecimento (Harding, 1998). Alinha-se a paradigmas estáveis, nos quais a reprodução é a regra, supondo conhecimento estabilizado e definitivo (tipo apostila). Acredita em leis imutáveis da natureza e tenta impor esse espírito à sociedade, olvidando a tessitura dialética natural e histórica. Ao fundo, pratica monumental ditadura do método: não cabendo a realidade em nenhuma teoria final, procura-se, por meio do método, disciplinar a realidade; já não se analisa a dinâmica, mas as formas da dinâmica, porque estas cabem no método.

Figura 6 – Lados da mente humana

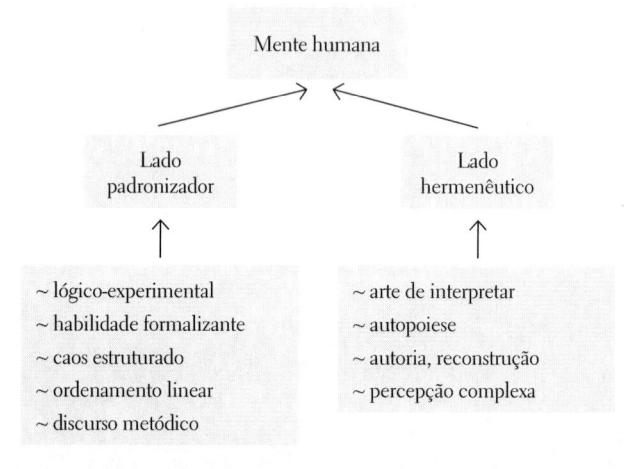

```
                    Mente humana
                    ↗         ↖
              Lado              Lado
         padronizador       hermenêutico
              ↑                 ↑
      ~ lógico-experimental    ~ arte de interpretar
      ~ habilidade formalizante ~ autopoiese
      ~ caos estruturado        ~ autoria, reconstrução
      ~ ordenamento linear      ~ percepção complexa
      ~ discurso metódico
```

Entretanto, não cabe considerar conhecimento disruptivo apenas disruptivo, nem conhecimento enquadrado apenas enquadrado. No conhecimento disruptivo também há modos de proceder, como é preferir a autoridade do argumento. Isso implica procedimentos formais e formalizantes próprios de todo discurso fundamentado. Quando se pleiteia fundamento sem fundo (Demo, 2008a), por mais que se busque manter discutível o texto, sendo texto, expressa um ordenamento inevitável. Rejeitando-se um fundo último, aceitam-se fundos relativos, aquelas fundamentações que se prestam à discussão aberta e continuada e precisam deter mínima qualidade formal. Não cabem textos malfeitos, embaralhados, preliminares, mas textos primorosos, dignos de atenção e discussão por conta de sua tessitura cuidadosa, rigorosa, autocrítica. No conhecimento enquadrado pode haver criatividade, ainda que cerceada em alinhamentos disciplinares. O discípulo também pode criar, ainda que sua sina seja vegetar à sombra do mestre. Não seria correto negar que o positivismo tem sua maneira de produzir ciência, por mais disciplinar que seja, e reconhecidamente produtiva, embora, sobretudo reprodutiva. Em parte isso se deve a uma propriedade mental: mesmo na prisão, a mente pensa o que quer, por conta de sua autorreferência autopoiética. De todos os modos, as inovações são controladas, preferindo-se aquelas que se submetem ao paradigma vigente.

A mente humana apresenta dupla capacidade de configuração:

a) de um lado, aparece como máquina padronizadora que impõe ordem à realidade, de onde se retira a noção de caos estruturado – a mente não consegue compreender a realidade que não demonstre nenhuma estruturação; mesmo o caos, para ser compreensível, precisa aparentar alguma estrutura; o que não aparece ordenado, para ser entendido precisa ser ordenado; a mente procede, em geral, em três passos:

i. procura no desconhecido o que haveria de conhecido, familiar;
ii. busca o que se repete;
iii. ordena a realidade impondo-lhe uma ordem mental lógica (teoria); dessa percepção, que se deve sobretudo ao neocórtex (Lewis et al., 2000), advém a capacidade formalizante e que é o trunfo maior do método científico, de tom analítico e lógico-experimental, com pretensões de neutralidade e objetividade; todo texto científico é ordenado, formal, linear, para corresponder à expectativa epistemológica e ontológica da linearidade da realidade; decompondo a realidade em partes subsequentes, chega-se a um fundo último em que ontologia e epistemologia se abraçam: para realidade simples, explicação simples (teoria final); signo maior da formalização é o uso da matemática, por ser, na visão positivista, completamente formal, por isso também universal.

b) de outro lado, a mente é dinâmica hermenêutica, interpretativa, reconstrutiva, ou, se quisermos, generativa, aberta sempre a novas desconstruções/

reconstruções, não produzindo nada de definitivo e cuja fundamentação é autopoiética e autorreferente; por ser interpretativa implica autoria e composição complexa, capaz de entender um silêncio, uma ausência, uma reticência, uma comunicação incompleta ou um texto truncado; mais própria da linguagem comum e cultural, essa dinâmica hermenêutica permite autorias individuais e coletivas, ainda que nunca cabais, já que toda interpretação já é reinterpretação e que, por sua vez, será de novo e sempre reinterpretada; percebe duplos sentidos, jogos de palavras, produz *insights* (como a mãe que percebe o filho metido nas drogas pelo jeito como entra e sai de casa); muito usada na psicanálise, permite captar atos falhos, gestos corporais, modos de olhar, já que texto não é apenas o escrito formalmente, é a realidade como tal; convive melhor com a complexidade não linear da realidade e da comunicação humana, ainda que também necessite de ordenar o discurso, sendo infinitamente mais flexível; lança mão de outros arsenais comunicativos como a afetividade, o envolvimento, a proximidade, o costume.

O conhecimento científico se vale do lado padronizador porque aposta nisso para pleitear virtudes universais de seus textos, processos e produtos. Na prática, porém, assim procede por vício metodológico, ou seja, porque, em vez de colocar o método a serviço da realidade, faz o inverso: força a realidade a se encaixar no método. Acaba apanhando da realidade apenas o que cabe no método, razão pela qual tem a maior dificuldade para lidar com dinâmicas intensas (Demo, 2001ab). Métodos alternativos, em geral ditos qualitativos, procuram superar essa limitação, buscando auscultar as intensidades da realidade. Seus temas são, por isso, participação, felicidade, engajamento, subjetividade, religiosidade, em geral escorraçados da universidade (Demo, 2001b). Não se pode negar a relevância de procedimentos formalizantes do método científico, porque consegue, a preço de muita deturpação, frequentemente, organizar explicações lineares efetivas e que facultam, entre outras coisas, produzir tecnologias relativamente controladas e controláveis. Embora por trás deste método esteja a paranoia eurocêntrica de devassar, dominar e explorar a realidade, seu êxito o torna uma fortaleza pouco expugnável. Apesar das críticas veementes e cáusticas do pós-modernismo, a visão modernista de ciência ainda dá as cartas (Stehr, 2010).

Um dos problemas mais paradoxais é que, originado no começo de era moderna (século XVI) para derrubar o argumento de autoridade em nome da autoridade do argumento, essa crítica não alcançou fazer-se autocrítica, revidando a aura religiosa antes tão combatida (Feyerabend, 1977; Demo, 2000b). Pontificando como referência universal, única, absolutamente válida e acabada, este tipo de ciência produziu um paradigma profundamente enredado em contradição performativa, porque, ao se querer crítico, não aceita autocrítica. Em certo sentido, apenas se substituiu uma religião por outra, um pontífice por outros, todos com pretensões infalíveis. Em certo sentido, conhecimento científico, que no início da era moderna era expressão contestatória disruptiva contra as verdades autoritárias vigentes, foi sendo domesticado, à medida que se institucionalizou um paradigma dotado de ambição totalizante. Continua disruptivo internamente, em geral por meio da lide da pesquisa, mas sempre subordinado ao mundo lógico-experimental e curvado às evidências empíricas. Algo similar ocorre atualmente com as tecnologias generativas: uma vez muito disruptivas, agora são premidas em contextos controlados. É uma história que sempre se repete. Em geral instituições que se dizem críticas (escola, universidade...), fazem isso para evitar serem criticadas. Ao final, fala-se de revolução gerenciada (Souza, 2004), porque, não se tendo a mínima ideia do que seria revolução – um fenômeno profundamente disruptivo e sem controle –, é prudente gerenciá-la, para ficar do tamanho da gerência.

Impressionam em particular as estratégias que a sociedade põe em curso para domesticar o conhecimento e os próceres do saber pensar. A obra de Kuhn (1975), forjada com referências às ciências naturais, é paradigmática no sentido de desvelar o quanto a produção de conhecimento é também uma tramoia suspeita e duvidosa. Isso não pode apagar a importância da pesquisa científica, pois é um dos maiores troféus do eurocentrismo e tem trazido benefícios sem conta, por mais que muitos deles se tornem rapidamente mercadoria. Toda proposta disruptiva que acaba tendo êxito e se institucionalizando caminha fortemente para sua reprodução medíocre, a começar pela reverência aos líderes carismáticos, fenômeno hoje escancarado em propostas libertárias virtuais, como a Wikipédia (O'Neil, 2009). A universidade como instituição desempenha o papel de censura formalizada, à medida que controla todo o processo de produção do conhecimento e o cerca de ritos e reverências, para, no fim, ter um pesquisador/professor perfeitamente socializado. Ao fundo, claramente vige a percepção de que o conhecimento é um fenômeno tão importante e decisivo para as oportunidades da sociedade e da economia, que não pode ficar à solta. Precisa ser regulado. Com o tempo, o rito é mais importante que a obra, assim como o método é mais decisivo que a interpretação.

Essa situação tem acarretado para a universidade inúmeros vexames. O maior deles é a institucionalização de universidades de ensino, dedicadas à transmissão de conteúdos curriculares em geral já fossilizados, por meio de professores marcantemente não produtivos, espargindo o vezo do plágio como regra geral. Não se tem a mínima ideia do que seja conhecimento, a estas alturas rebaixado a repositório ultrapassado de informação que deve ser repassado a alunos que engolem velharias (Duderstadt, 2003). Tudo se reduz a aulas e apostilas, repassadas de modo copiado, recebidas pelos alunos de modo copiado e regurgitadas na prova de modo copiado (Schneider, 2007). Enquanto países mais avançados já descobriram há mais de um século que universidade de mero ensino é uma entidade desnecessária, vicária, nós continuamos com este modelo instrucionista, nisto repercutindo lidimamente a condição de subdesenvolvido, vivendo à sombra dos desenvolvidos. Esse tipo de universidade não chegou ao século XXI, nem pode fazer parte dele, porque é uma traição flagrante à sociedade intensiva de conhecimento. Desde muito se diz que a universidade é uma torre de marfim, vivendo à distância da sociedade, em geral em um *campus* em separado. Frequentemente as empresas expressam desconforto perante a dificuldade de trabalharem com as universidades, alegando que elas ou apenas criticam o contato com o mercado ou não conseguem oferecer preparação minimamente adequada. Certamente, é um problema entregar a formação universitária ao mercado, mas é mais problema ainda viver no mundo da lua (Aronowitz, 2000).

Embora mantenha o discurso libertário, a universidade tem-se mostrado incapaz de atualizar-se, menos ainda de tomar a dianteira das inovações. Olhando o cenário das novas tecnologias, sua recepção é lenta, predominando ainda a resistência. A introdução da pesquisa, não só como exercício para se produzir conhecimento, mas principalmente como estratégia de formação mais profunda dos estudantes, permanece um desiderato longínquo, persistindo a crendice de que aprender é frequentar as aulas e reproduzir a apostila. A chegada da educação a distância mostra claramente parte deste imbróglio: grande parte das experiências usa novas tecnologias para enfeitar o instrucionismo, em especial adornar a aula; muitos cursos são encurtados e ajeitados, nivelando por baixo, em nome de alunos que não têm tempo para estudar; os diplomas expedidos correm o risco de serem considerados obsoletos, porque não expressam habilidades do século XXI (Palloff; Pratt, 2005, 2007; Maeroff, 2003). Essa miséria encobre modos inadequados de lidar com conhecimento, a começar pela incapacidade de promover conhecimento disruptivo, sempre aberto, discutível, à frente dos tempos. Aulas e apostilas não são discutíveis. São canônicas. A pesquisa é vista como atividade avançada, própria da pós-graduação, sobrando apenas a transmissão de conhecimentos ultrapassados. Fica a impressão de conhecimento censurado, acorrentado, controlado, reservado aos professores e reitores que, por sinal, são improdutivos academicamente falando. Trata-se de universidade de costas para o futuro.

Aprendizagem instrucionista e reconstrutiva

As tecnologias generativas sinalizam modos reconstrutivos de aprender, hoje considerados os mais adequados (Eshet-Alkalai, 2010; Schafer; Kranzlmuller, 2010). Elas provocam sua reconstrução constante e sem controle, pois todos podem editar. Não temem ser mudadas, ao contrário, assim pleiteiam. Não comparecem como pacotes impositivos e cabais, mas como plataformas abertas, convidando a participar livremente. Esforçam-se para que os programas possam ser customizados. Tem-se a sensação de que, como na natureza evolutiva, predomina a dinâmica generativa em infinita reconstrução. Por isso, muitos fazem aprender coincidir com viver (Maturana, 2001; Capra, 2002; Demo, 2002a): a matéria se fez vida porque sabe aprender, assim como a matéria se faz imaginação, porque sabe aprender (Edelman; Tononi, 2000). Pode haver nesse olhar antropomorfismo excessivo, à medida que o ser humano continua a medida das coisas. A medida das coisas – se isso existisse – seria a natureza: dinâmica, aberta, arriscada, participativa, infinitamente biodiversa. Se uma das dinâmicas mais próprias da aprendizagem é a habilidade reconstrutiva, a natureza é a cara disso: ela vive de se reconstruir e isso é substancialmente evoluir (Philip, 2010; Raines, 2010; Veen, 2010; Beck; Wade, 2006).

Ela se forma de dentro para fora, como sugere a autopoiese (Maturana; Varela, 1994), no contexto de um dinamismo autoformativo e que eclode em autonomia e autoria. Sendo, porém, autorreferente, isso pode, em certa medida, aguçar a autonomia, mas a torna solitária, provocando um fechamento estrutural (Fuchs, 2008). Essa falta de comunicação externa pode alucinar a autonomia, que não encontra parâmetro para se avaliar, a não ser ela mesma. Varela, Thompson e Roch (1997) tentaram equilibrar essa condição com a tese da "mente incorporada" movida pela "enação": mesmo que ao final prepondere a autorreferência (ação vinda de dentro – enação), as circunstâncias e pressões externas também contam.

Apesar desses reparos, a autopoiese entrou em cena como questionamento mais radical do instrucionismo: mesmo que se quisesse, é impraticável; a mente não pode ser instruída de fora, mesmo que a escola o pretenda. Reforçou-se a noção socrática maiêutica de que aprendizagem é gesto de dentro, permanecendo o professor como referência externa, essencial para a aprendizagem do aluno, mas não determinante. As novas tecnologias, de novo, reforçam essa ideia, ao apoiarem iniciativas autodidatas comuns em crianças que se viram no computador sem curso algum, nem mesmo de leitura (Ehlers, 2010; Farren, 2010; Motschnig-Pitrik; Jolzinger, 2010; Demo, 2009a).

Assim também parece ser a natureza: pode ser mudada de fora, mas a mudança mais propriamente dita vem de dentro, do próprio dinamismo dialético (Ulanowicz, 2009; Fuchs, 2008; Gould, 2002). A natureza não muda por eventos necessariamente forçados, mas por inciativa própria, assim como crescemos, não porque queremos ou planejamos ou nos forçam, mas porque faz parte da dinâmica corporal. Não faltam cataclismos na natureza, conturbações externas, choques e explosões. Mas, ao fundo, ela se move com tal profundidade que nenhum gesto externo é capaz de gerar. Mesmo que seja silenciosa, a mudança é avassaladora, como foi a passagem multimilenar da matéria para a vida, da massa cinzenta para o pensamento. É uma força radical e que não precisa do estardalhaço. Sua mudança não tem controle nem hierarquia, porque, sendo generativa, é risco aberto e procurado. Aprendizagem benfeita tem esta marca também: corrói as entranhas do estudante, abre outros horizontes, chama riscos incontroláveis, abre brechas e abismos, mantém as dúvidas e perguntas, e descobre que o agente central desta aventura é ele mesmo, autopoieticamente. A natureza dá saltos mortais sem a mínima garantia do que vai ser depois. Por isso, talvez, a nova geração pareça conviver melhor com as novas tecnologias: há certa sintonia com a plataforma generativa, a gosto do jovem aventureiro, experimentador inconsequente, atirado. Este é o paroxismo do *hacker*: parece-lhe que pode tudo, porque mexe em códigos complexos e pouco acessíveis, fazendo uma máquina reagir ao seu comando (Wark, 2010; Electrohippies Collective, 2010; Cult of the Dead Cow, 2009). Embora seja óbvia a fantasia, o computador facilmente oferece um ambiente de liberdade, de experimentação solta, de comando a gosto: a criança parece estar pilotando a máquina.

Na visão de Piaget, a aprendizagem é resultado da desestruturação de esquemas mentais em face de novas hipóteses ante a realidade, obrigando a mente a refazer sua compreensão (equilibração) (Equilibration, 2010). Aparecem os dois lados: a mente gosta de estruturas estáveis também; mas a realidade nunca cabe nelas à perfeição; o que fica fora ou o que não cabe acaba obrigando a mente a se rever. E assim vai, pela vida afora (Two Major Principles, 2010; Wagner, 2010). Essa epistemologia genética guarda a dinâmica generativa como alma do processo: toda estruturação é provisória, como é provisório todo processo de aprender. Perante a realidade dinâmica, dialeticamente, a mente é levada a se reconstruir constantemente, mantendo-se aberta, mesmo que aprecie também a tranquilidade de esquemas mentais surrados (Becker, 2007). Assim via também Sócrates: postulando veementemente a autocrítica como coerência da crítica, conseguia manter a mente aberta, generativamente (Wikipedia, 2010d; Wikipedia, 2010e; Wikipedia, 2010f). Se quem sabe, mais sabe que nada sabe, aprendizagem é dinâmica tão profunda quanto constantemente incompleta, como o gesto evolucionário da natureza. A maiêutica é radical, como a natureza é radical em suas dinâmicas (Chaves, 2010; Critical Thinking, 2010; Garlikov, 2010; Harrington, 2010)*.

---

* Para ver textos sobre teorias da aprendizagem (construtivismo, sociointeracionismo, autopoiese, maiêutica), acesse o *site*: <http://pedrodemo.sites.uol.com.br>. Acesso em: 4 fev. 2011.

Não cabem em processos generativos de aprendizagem textos definitivos, apostilas acabadas, aulas instrucionistas, reprodução de conteúdos, porque isto contraria o dinamismo mental e natural. Teorias são instrumentais, não servem para serem adotadas, mas usadas: são elaboradas para serem reelaboradas. A escola é um lugar privilegiado para a reconstrução do conhecimento, não o mausoléu de currículos obsoletos. Sendo provisórios e abertos os conteúdos, é insânia pretender guardá-los na mente como referências definitivas, sem falar que a mente os esquece rapidamente. Postura mais inteligente é saber transformá-los dentro dos desafios da vida e do trabalho. Currículo hoje precisa ser interpretado como sugestões de conteúdos a serem mudados, no mínimo reconstruídos, mesmo que seja de matemática e lógica (Lesh, 2007). As novas tecnologias, por sua vez, quando bem pensadas, promovem esse tipo de autoria reconstrutiva, a exemplo garboso da Wikipédia. A melhor maneira de aprender é pesquisar e elaborar, resultando disso uma autoria crescente, crítica e autocrítica. A melhor maneira de fundamentar é usar a autoridade do argumento, combinando o rigor do discurso com sua abertura imprescindível. Discurso rigoroso não é fechado, compacto, é aquele que se presta, tanto mais, à discussão infindável (Maxwell, 2010; Socratic, 2010).

Nossos processos de aprendizagem estão repletos de verdades ou de nenhuma. A aposta mais inepta é o instrucionismo das apostilas e aulas, fazendo do professor um profeta vagabundo que apenas ecoa mensagens alheias. É reduzido a alto-falante. Mantém-se, a ferro e fogo, o modelo ibérico instrucionista, submisso, como se sua missão histórica fosse intermediar os restos do eurocentrismo. Na prática, não conseguimos fazer nossas crianças aprender, alfabetizamos em três anos (nenhuma precisa de três anos; quem precisa é a escola inepta), adotamos a progressão automática e teorias improdutivas dos ciclos, não formamos bem nossos professores, nem lhes garantimos condições mínimas de trabalho, remuneração e atualização. E continuamos declamando que educação é prioridade. Para cúmulo da alienação, não nos interessamos pelas novas tecnologias (Demo, 2009a), achamos que são apenas meio não necessário, por vezes até inoportuno, não damos conta das habilidades do século XXI, mantendo a escola no século passado. Ainda não aprendemos que aprender é processo generativo, reconstrutivo. Muitos professores se apegam a certas teorias como muletas, das quais são apenas porta-vozes. Outros, por formação malfeita, não possuem teoria nenhuma, porque não se lhes deram oportunidade de se tornarem autores. Vamos de um extremo a outro: uns detêm verdades finais (em especial os críticos, muito contraditoriamente), outros nenhuma. Bastaria consultar a natureza: que validade lhe cabe? A natureza é certamente válida, mas apenas relativamente: tudo na natureza tem prazo de validade em termos existenciais. Não conhece nada universal, final, canônico, porque tudo evolui. Nem por isso é o reino do relativismo, já que sua história também manifesta estruturações, mas estas não imprimem o tom de eternidade. Ao contrário, provocam a provisoriedade como modo de ser e de vir a ser.

Contradições nossas de cada dia

Somos um poço de contradições. Como alertam Lewis et al. (2000), nosso cérebro, mesmo sendo obra-prima da evolução, é também uma geringonça: formado de pelo menos três camadas mais visíveis, elas se afinam e desafinam, dialeticamente. Na camada **reptiliana**, a mais subterrânea, prevalece o senso pelo perigo, a habilidade de sobreviver em ambiente de riscos inúmeros e imprevisíveis. Ter medo é essencial e talvez esta seja a sensação mais primária. Na camada **límbica**, entra em cena a evolução mamífera, apertando os laços afetivos com a prole e fazendo dos progenitores autênticos educadores. Na camada **neocortical**, aparece um dos signos da pretensa superioridade humana, a habilidade formal lógica. No entanto, amar e pensar são tarefas pouco combináveis, por mais que sejam ambas essenciais. Conflitos entre razão e emoção são paradigmáticos e expressam uma das faces mais corriqueiras e contraditórias da vida humana. Em parte, nossas contradições são endêmicas ou hermenêuticas: mesmo no espaço lógico, como um conceito puxa outro (por exemplo, para definir conceito precisamos de conceitos não definidos ainda), não conseguimos estabelecer pontos finais, pois não há os de partida, a não ser inventados. Sendo nossa mente autorreferente, sua comunicação depende de quem interpreta, não só de quem comunica. Sendo a existência uma unidade de contrários, não se pode criar expectativas apenas formais e matemáticas: o desencontro é parte integrante de todo encontro. Podemos apreciar esta inconsistência endêmica no mote: quem propõe mudança, não as deveria gerir. De um lado, há acerto provocativo e pertinente: gerir mudança implica, em geral, domesticá-la. De outro, mudar sem gerir a mudança implica entregar a outrem, cujas intenções não se podem garantir. Quem apenas critica o poder também exerce algum poder, o da crítica. Tanto é assim que espera ser ouvido. Pretender ficar fora do poder pode ser apenas artimanha para esconder a vontade de poder. Ainda, apenas criticar não é postura autocrítica: é fácil derrubar tudo; difícil é construir alguma coisa, tomando-se sempre em conta que o construído pode ser desconstruído. Apenas criticar pode esconder a manha de ficar com benesses do poder, não com seus incômodos.

Ao mesmo tempo, há as contradições dos poderosos. Não há poder cabal, inconcusso (Kosko, 1999). Ao contrário, poder está entre as dinâmicas mais frágeis, periclitantes, não só por tratar-se de unidade de contrários, mas porque, existencialmente, sempre há "contrários" (Mouffe, 2006; 2009; 2010). Os poderosos são ridículos, porque não imaginam o quanto é frágil sua posição (Boehm, 1999). Em vez de desfrutar o poder, gastam a maior parte de seu tempo preservando poder contra ataques e desgastes. Dificilmente se chega ao poder sem alguma sujeira. Essa cantilena parece triste, como parece triste a dialética. O positivismo se apresenta como afirmativo, produtivo, tecnológico. Na prática, a melancolia faz parte da existência, porque todo amadurecimento implica sua peroração. Em certo sentido, a vida é triste. Isso transparece veementemente nas artes: o teatro prefere a tragédia; a comédia é outra formulação da tragédia (rir da própria miséria); a música decanta mais facilmente a dor de cotovelo e a alegria arrancada da tristeza (exemplo forte é a Nona Sinfonia de Beethoven: o canto da alegria está envolto no desespero do compositor surdo); o jornalismo prefere tragédias e escândalos; a interação virtual explora intimidades chocantes; toda vida individual morre... Pode tratar-se de paranoia, como pode tratar-se de realismo.

Em parte, ver a dialética como triste é antropomorfismo, como se a natureza fosse criação humana. É o contrário. Ninguém diria que a natureza é triste, embora fosse mais fácil alegar que a sociedade é triste, tamanhos são nossos problemas sociais. Uma das aprendizagens mais expressivas dos tempos atuais é dispensar pretensões de superioridade para o ser humano, e procurar reinseri-lo onde sempre esteve: como processo natural. O social sempre foi, antes, natural (Demo, 2002d). Nisso a ciência tem sua razão: para entender o ser humano, o primeiro passo é vê-lo como ser natural, não especial, superior, único ou razão de ser da natureza. Uma das virtudes do método científico é saber formalizar seu objeto, retirando dele marcas como subjetividade, individualidade, irreversibilidade. Com certo exagero, Lévi-Strauss (1967, 1976) sugeriu estudar o ser humano como se fosse formiga (Demo, 1995). Ele estudava os mitos não como expressões subjetivas, culturalmente únicas, mas suas invariantes formais e formalizáveis, dentro do reducionismo exacerbado do método, mas com resultados amplamente reconhecidos. Não estou sugerindo retornar ao estruturalismo, porque seria regredir a etapas modernistas consideradas ultrapassadas. Mas podemos aprender daí que visão antropomórfica não ajuda a entender o ser humano, ao passo que o faz a medida das coisas. Não podemos aprender a linearidade do método que, expelindo as contradições, só percebe o que é linear na realidade, sem contradições. Deixa de lado dinâmicas intensas que implicam, na sociedade, consciência, subjetividade, individualidade, requerendo metodologias alternativas (Demo, 2001c, 2004a). Podemos, sim, dizer: é triste não captar a tristeza humana.

Um ser tão frágil precisa de apoio. É difícil aturar-se, como sugere a psicanálise. A primeira muleta, mais antiga e garantida, são religiões. Podem ser criticadas como se quiser, mas estão entre as manifestações humanas mais profundas e estruturadas, a ponto de que felicidade é impraticável sem referência religiosa. Claro, é preciso distinguir entre religião e religiosidade (Demo, 2008a): aquela é o lado institucional, contaminado de todas as misérias humanas (dízimos, hierarquias, chefes, infalibilidade, donos da verdade etc.); esta é o lado das necessidades básicas, comum a todos. A religiosidade não precisa de deus ou deuses; apenas de ética (Connolly, 2002). Nas religiões, o ser humano se acalma, porque aceita ser conduzido, à revelia de sua autopoiese. Ele troca questionamento por submissão. Pode ser um bom negócio, se este é viver com tranquilidade, contando com recompensas eternas depois da morte. Mas, à revelia, esse crente acaba sustentando impérios religiosos, nos quais é apenas contribuinte. Ao final, porém, agarramentos religiosos nos são constitutivos, em parte porque não damos conta de nós mesmos. Somos, sim, um poço de contradições que a lógica não consegue exterminar, até porque de lógica não se vive. Vive-se de contradições.

Estas se tornaram tanto mais visíveis em propostas libertárias no mundo virtual como a Wikipédia. Iniciadas com ardor incontido em torno das liberdades absolutas, elas se tornam cada dia mais relativas e podem restar delas apenas resquícios. Acabamos descobrindo que a liberdade só funciona em sociedade quando é regulada socialmente. Liberdade absoluta é ditadura. Uma das maiores conquistas da cidadania que sabe pensar é saber ceder, por mais que saber ceder possa terminar no túmulo da submissão canina. Daí se depreende que a existência humana não tem solução, tem evolução. Nossa sociedade poderia ser muito diversa, muito mais igualitária. Mas, mesmo se fosse um exemplo de igualitarismo, também viveria de contradições, ainda que mais civilizadas. O recuo das tecnologias generativas expressa, de um lado, também avanços da privatização da internet, mas, de outro, resultados naturais no embate entre disputas de espaço: nem os libertários são tão livres assim nem o mercado é apenas lixo, mesmo no capitalismo. Ainda assim, é de vida e morte buscar estratégias para preservar nossos direitos, desde que não seja à custa da liberdade dos outros.

(in)conclusão

Este livro procurou tocar numa ferida social que as novas tecnologias, em vez de aliviar, exacerbam tanto mais. Nas promessas libertárias do mundo virtual pode esconder-se artimanha veemente, porque não está livre da dinâmica complexa não linear do poder. Os fundadores da internet tinham menos interesse pelo poder. Admiravelmente tentaram preservar espaços de liberdade, gratuidade, experimentação solta, seguindo aí, pelo menos em parte, o faro acadêmico inspirado na liberdade de expressão. Uma das faces mais atraentes do conhecimento disruptivo é que somente pode ser arquitetado em liberdade. Saber pensar é pensar livremente. Este vento soprou forte no início e continua soprando em plataformas da *web* 2.0, como na Wikipédia e em plataformas similares, por exemplo. Seu mote inicial foi "todos podem editar", apostando na contribuição diversificada e multivariada de contribuintes expertos e não expertos.

Entretanto, na dialética da história, as ambiguidades voltam à tona e escancaram contradições preocupantes. Essa utopia é de sempre. Quase todas as religiões assim começam, puras, desapegadas, desinteressadas, comunitárias, igualitárias. Com o tempo, a gestão se impõe, com todos os seus vícios: aparecem hierarquias, chefes incontestáveis, dogmas e exigências, dízimos e milagres, comércio e negociatas. Toda religião tem dono, bem como toda verdade!

O recuo da internet generativa recomenda duas iniciativas:

i) não perder o espírito da coisa, ou seja, a potencialidade participativa, a motivação experimentadora, a contribuição coletiva, a produção aberta, porque talvez seja isto que possa salvar a alegria na sociedade; como dizia Russell (citado por Lih, 2009, p. 81): "a única coisa que vai redimir a Humanidade é cooperação";

ii) perceber que promessas libertárias são também ambíguas e que é prudente reconstruí-las para caberem melhor na prática da vida; enquanto há os que apreciam graus de liberdade crescentes, outros preferem estabilidade, tranquilidade e proteção.

De forma similar, o experimento da Wikipédia recomenda duas providências: "todos podem editar" é princípio maravilhoso, mas não garante qualidade do processo; surgem ainda vandalismos por vezes gritantes que indicam a necessidade de algum controle e liberdade sem peias é utopia; para que seja produtiva em sociedade, carece de regulação; é difícil (impossível) combinar sem fricções liberdade e regulação, ainda que se trate de espaço inevitável.

As pretensões absolutas das utopias precisam ser traduzidas para a relatividade das coisas (Demo, 2008a), na qual somos menores do que imaginamos, mais fracos do que desejaríamos, menos safos do que se pretende.

Fica uma lição poderosa: mudança de verdade é a disruptiva, que a natureza pratica sistematicamente, sem controle e hierarquia. Boa pergunta: como uma entidade sem centro, controle, chefe foi produzir um ser que aprecia tanto concentrar poder? Nada é mais contraditório do que o discurso do poder na sociedade: quando se nega, apenas se esconde; quando se aprecia, desconhece suas limitações; quando se combate, é pleiteado à revelia; quando se institucionaliza, abomina a oposição; quando é oposição que chega ao poder, pode tornar-se ainda mais virulenta. Por isso, diz-se que se conhece alguém quando chega ao poder. Não é à toa que mantemos, hoje, talvez mais que em outros tempos, os políticos sob suspeita: não conhecemos políticos que não se sujem no poder, pois fazer política e sujeira política é praticamente a mesma coisa. Boehm (1999), ao discutir o igualitarismo de grupos humanos nômades de mais de 10 mil anos atrás, imagina poder reconhecer que em tais comunidades se geria o poder de maneira mais inteligente. Sempre havia chefes, nem isto se colocava em xeque. Mas cercavam-se os chefes de cuidados, entre eles falar mal, depreciar seus feitos, reduzir suas virtudes, não acreditar em suas promessas. Não sei se era bem assim, já que fica difícil explicar por que este patrimônio de uma esfera pública tão efetiva e aberta teria se perdido a caminho com o surgimento de impérios, reinados, ditaduras. Não há nada mais lógico que nossas contradições.

referências

ADORNO, T. W. **Negative Dialectics**. New York: RKP, 1973.

AGAMBEN, G. **A linguagem e a morte**: um seminário sobre o lugar da negatividade. Belo Horizonte: Ed. da UFMG, 2006.

ALESSO, H. P.; SMITH, C. F. **Thinking on the Web**: Berners-Lee, Gödel and Turing. New York: Wiley, 2009.

ALTHUSSER, L. **La revolución teórica de Marx**. Madrid: Siglo XXI, 1971.

_____. **Sobre a reprodução**. Petrópolis: Vozes, 1999.

ALTHUSSER, L.; BALIBAR, E. **Para leer el capital**. México: Siglo XXI, 1970.

ALVIN TOFFLER ON EDUCATION. Disponível em: <http://www.youtube.com/watch?v=04AhBnLkl-s&feature=player_embedded>. Acesso em: 16 nov. 2010.

AMSDEN, A. H. **Ascensão do "resto"**: os desafios ao Ocidente de economias com industrialização tardia. São Paulo: Ed. da Unesp, 2009.

ANDERSON, C. **People Power**. Disponível em: <http://www.wired.com/wired/archive/14.07/people.html>. Acesso em: 16 nov. 2010.

ANDREW, A. M. **A Missing link in Cybernetics:** Logic and Continuity. New York: Springer, 2009.

ARONOWITZ, S. **The knowledge factory:** dismantling the corporate university and creating true higher learning. Boston: Beacon Press, 2000.

ARRIGHI, G. **O longo século XX**. São Paulo: Ed. da Unesp, 1996.

AUGAR, N.; RAITMAN, R.; ZHOU, W. **Teaching and Learning online with wikis**. Disponível em: <http://www.ascilite.org.au/conferences/perth04/procs/augar.html>. Acesso em: 16 nov. 2010.

A VISION OF STUDENTS TODAY (Video). Disponível em: <http://br.youtube.com/watch?v=dGCJ46vyR9o>. Acesso em: 16 nov. 2010.

AYERS, P.; MATTHEWS, C.; YATES, B. **How Wikipedia works:** And how you can be a part of it. San Francisco: No Starch Press, 2008.

AZAD, N. **Empowering women workers:** The WWF experiment in indian cities. New York: Unicef, 1986.

BAKAN, J. **The corporation:** The pathological pursuit of profit and power. New York: Free Press, 2004.

BAKARDJIEVA, M. **Internet society:** the internet in everyday life. London: Sage, 2005.

BAKER, N. **The Charms of Wikipedia**. Disponível em: <http://www.nybooks.com/articles/21131 2008>. Acesso em: 16 nov. 2010.

BALDWIN, C.; HIERNERTH, C.; VON HIPPEL, E. **How user innovations become commercial products**: a theoretical investigation and case study. Disponível em: <http://www.people.hbs.edu/cbaldwin/DR2/BHVRODEOKayakHBSWPv2.pdf>. Acesso em: 16 nov. 2010.

BARBER, B. **The ambiguous effects of digital technology on democracy in a globalizing world**. Disponível em:

<http://www.wissensgesellschaft.org/themen/demokratie/democratic.pdf>. Acesso em: 16 nov. 2010.

BARBROOK, R. **Cybercommunism**: how the americans are superseding capitalism in cyberspace. Disponível em: <http://www.imaginaryfutures.net/2007/04/17/cyber-communism-how-the-americans-are-superseding-capitalism-in-cyberspace>. Acesso em: 16 nov. 2010.

BARD, A.; SÖDERQVIST, J. **Netocracy**: the new power elite and life after capitalism. London: Reuters, 2002.

BARROW, J. D. **Teorias de tudo**: a busca da explicação final. Rio de Janeiro: J. Zahar, 1994.

BARTHES, R. **A morte do autor**. Disponível em: <http://www.facom.ufba.br/sala_de_aula/sala2/barthes1.html>. Acesso em: 16 nov. 2010.

BATESON, G. **Mind and nature**: a necessary unity (advances in systems theory, complexity, and the human sciences). New Jersey: Hampton Press, 2002.

BAUERLEIN, M. **The dumbest generation**: how the digital age stupefies young americans and jeopardizes our future (or, don't trust anyone under 30). New York: Tarcher, 2008.

BAUMAN, Z. **Comunidade**: a busca por segurança no mundo atual. Rio de Janeiro: J. Zahar, 2003.

_____. **Modernidade líquida**. Rio de Janeiro: J. Zahar, 2001.

BAUMAN, Z. **Vidas desperdiçadas**. Rio de Janeiro: J. Zahar, 2005.

BECK, J. C.; WADE, M. **The kids are alright**: How the gamer generation is changing the workplace. Boston: Harvard Business School Press, 2006.

BECKER, F. **Ser professor e ser pesquisador**. Porto Alegre: Mediação, 2007.

BENKLER, Y. **Coase's Penguin, or, Linux and The Nature of the Firm**. Disponível em: <http://www.yale.edu/yalelj/112/BenklerWEB.pdf>. Acesso em: 16 nov. 2010a.

_____. **Freedom in the commons**: Towards a political economy of information. Disponível em: <http://www.law.duke.edu/shell/cite.pl?52+Duke+L.+J.+1245>. Acesso em: 16 nov. 2010b.

_____. **Sharing nicely**: On shareable goods and the emergence of sharing as a modality of economic production. Disponível em: <http://yalelawjournal.org/images/pdfs/407.pdf 74>. Acesso em: 16 nov. 2010c.

_____. **The Wealth of Networks**: How social production transforms markets and freedom. New York: Yale University Press, 2006.

BENKLER, Y.; NISSENBAUM, H. **Commons-based peer production and virtue**. Disponível em: <http://www.nyu.edu/projects/nissenbaum/papers/jopp_235.pdf>. Acesso em: 16 nov. 2010.

BLOCH, E. **Das Prinzpip Hoffunung**. 2 ed. Frankfurt: Suhrkamp, 1959.

BLOCH, E. **Zur Ontologie des Noch-Nicht-Seins**. Frankfurt: Suhrkamp, 1961.

BOEHM, C. **Hierarchy in the Forest**: The evolution of egalitarian behavior. Massachusetts: Harvard University Press, 1999.

BOLD, M. **Use of wikis in graduate course work**. Disponível em: <http://www.thefreelibrary.com/Use+of+wikis+in+graduate+course+work-a0142475976>. Acesso em: 16 nov. 2010.

BOLTANSKI, L.; CHIAPELLO, E. **The new spirit of capitalism**. London: Verso, 2005.

BOURDIEU, P. **A distinção**: crítica social do julgamento. São Paulo: Edusp, 2007.

_____. **A economia das trocas linguísticas**. São Paulo: Edusp, 1996a.

_____. (Org.). **A miséria do mundo**. Petrópolis: Vozes, 1998.

_____. **Contrafogos**: táticas para enfrentar a invasão neoliberal. Rio de Janeiro: J. Zahar, 1998.

_____. **On television**. New York: New Press, 1999.

_____. **O poder simbólico**. Lisboa: Difel, 1989.

_____.**Razões práticas**: sobre a teoria da ação. Campinas: Papirus, 1996b.

BOURDIEU, P.; PASSERON, J. C. **A reprodução**: elementos para uma teoria do sistema educativo. Rio de Janeiro: F. Alves, 1975.

BOVA, B. **Immortality**: how science is extending your life span, and changing the world. New York: Avon Books, 1998.

BOYLE, J. **Foucault in cyberspace**: surveillance, sovereignty, and hardwired censors. Disponível em: <http://www.law.duke.edu/boylesite/foucault.htm>. Acesso em: 16 nov. 2010.

BRASIL. Constituição (1988) **Diário Oficial [da] República Federativa do Brasil**, Brasília, DF, 05 out. 1988.

BRAUDEL, F. **La dinámica del capitalismo**. México: Fondo de Cultura Económico, 1993.

BRECK, J. **109 ideas for virtual learning**: how open content will help close the digital divide. Oxford: Roman & Littlefield Education, 2006.

BROCKMAN, J. (Ed.). **The new humanists**: science at the edge. New York: Barnes & Noble Books, 2003.

BRONACK, S.; SANDERS, R.; CHENEY, A.; RIEDL, R.; TASHNER, J.; MATZEN, N. **Presence pedagogy**: teaching and learning in a 3D immersive world. Disponível em: <http://www.isetl.org/ijtlhe/pdf/IJTLHE453.pdf>. Acesso em: 16 nov. 2010.

BROWN, J. S. **New learning environments for the 21st century**. Disponível em: <http://www.johnseelybrown.com/newlearning.pdf>. Acesso em: 16 nov. 2010.

BROWN, J. S.; ADLER, R. P. **Minds on fire**: open education, the long tail, and learning 2.0. Disponível em: <http://www.johnseelybrown.com/mindsonfire.pdf>. Acesso em: 16 nov. 2010.

BRUNS, A.; HUMPHREYS, S. **Wikis in teaching and assessment**: The M/cyclopedia project. Disponível em: <http://snurb.info/files/Wikis%20in%20Teaching%20and%20Assessment.pdf>. Acesso em: 16 nov. 2010.

BRUNS, A. **Gatewatching**: collaboration online news production. London: Peter Lang, 2005.

_____. **On-line "produsers" dish up the news**. Disponível em: <http://www.onlineopinion.com.au/view.asp?article=3333>. Acesso em: 16 nov. 2010.

BRYANT, S.; FORTE, A.; BRUCKMAN, A. **Becoming wikipedian**: transformation of participation in a collaborative on-line encyclopedia. Disponível em: <http://www.cc.gatech.edu/~asb/papers/bryant-forte-bruckman-group05.pdf>. Acesso em: 16 nov. 2010.

BURKE, P. **Uma história social do conhecimento**: de Gutenberg a Diderot. Rio de Janeiro: J. Zahar, 2003.

CALHOUN, C. (Org.). **Habermas and the Public Sphere**. Cambridge: The MIT Press, 1992.

CAPRA, F. **As conexões ocultas**: ciência para uma vida sustentável. São Paulo: Cultrix, 2002.

CARLSON, S. **The net generation goes to college**. Disponível em: <http://chronicle.com/free/v52/i07/07a03401.htm>. Acesso em: 17 nov. 2010.

CAROLL, B. **Culture Clash**: Journalism and the communal ethos of the blogosphere. Disponível em: <http://blog.lib.umn.edu/blogosphere/culture_clash_journalism_and_the_communal_ethos_of_the_blogosphere.html>. Acesso em: 17 nov. 2010.

CARROLL, L. T. **Critical Thinking**. Disponível em: <http://www.skepdic.com/refuge/ctlessons/ch1.pdf>. Acesso em: 17 nov. 2010.

CARVALHO, E. A.; MENDONÇA, T. (Org.). **Ensaios de complexidade 2**. Porto Alegre: Sulina, 2003.

CASTELLS, M. **Communication, Power and Counterpower in the Network Society**. Disponível em: <http://ijoc.org/ojs/index.php/ijoc/article/view/46/35>. Acesso em: 17 nov. 2010.

_____. **End of millennium** – The information age: economy, society and culture. Malden (MA): Blackwell 1998. 3. v.

_____. Informationalism, networks, and the Network Society: A theoretical blueprint. In: CASTELLS, M., (Org.). **The network society**: A cross-cultural perspective. Northampton: E. Elgar, 2004.

_____. (Org.). **The network society**: A cross-cultural perspective. Northampton: E. Elgar, 2004.

_____. **The rise of the network society**: The information age: economy, society and culture. Oxford: Blackwell, 1997. 1. v.

CASTRONOVA, E. **Synthetic Worlds**: The business and culture of on-line games. Chicago: The University of Chicago Press, 2005.

CATLEY, P. **On-line quizzes providing formative feedback**: More valuable than seminar attendance and prior study? Disponível em: <http://www.heacademy.ac.uk/assets/York/documents/events/conference/2008/Paul_Catley.doc>. Acesso em: 17 nov. 2010.

CEDERGREN, M. **Open content and value creation**. Disponível em: <http://firstmonday.org/htbin/cgiwrap/bin/ojs/index.php/fm/article/view/1071/991>. Acesso em: 17 nov. 2010.

CHAVES, E. **Maiêutica**: a arte de ajudar o outro a aprender. Disponível em: <http://maieutics.net>. Acesso em: 17 nov. 2010.

CHIA, W. **New media, same rules**. Disponível em: <http://www.asiamedia.ucla.edu/print.asp?parentid=43361>. Acesso em: 17 nov. 2010.

CHRISTENSEN, C. M. **The Innovator's Dilemma**. New York: Harpers Paperback, 2003.

CIFFOLILLI, A. **Phantom authority, self-selective recruitment and retention of members in virtual communities**. Disponível em: <http://firstmonday.org/htbin/cgiwrap/bin/ojs/index.php/fm/article/view/1108/1028>. Acesso em: 17 nov. 2010.

CLARK, D. D.; BLUMENTHAL, M. S. **Rethinking the design of the internet**: the end to end arguments vs. the brave new world. members in virtual communities. Disponível em: <http://cyberlaw.stanford.edu/e2e/papers/TPRC-Clark-Blumenthal.pdf>. Acesso em: 17 nov. 2010.

CLARK, W. **Kids and teens on the net**. Disponível em: <http://www.statcan.gc.ca/kits-trousses/pdf/social/edu04_0096a-eng.pdf>. Acesso em: 17 nov. 2010.

COATES, T. **(Weblogs and) the mass amateurisation of (nearly) everything...** Disponível em: <http://www.plasticbag.org/archives/2003/09/weblogs_and_the_mass_amateurisation_of_nearly_everything/>. Acesso em: 17 nov. 2010.

COIRO, J., et al. (Org.) **Handbook of research on new literacies**. New York: Lawrence Erlbaum Ass., 2008.

COLEMAN, B. **Free and open source software**. Disponível em: <http://www.olento.fi/ram4/publication/3.php?name=free>. Acesso em: 17 nov. 2010.

COLLINS, H.; PINCH, T. **O golem**: O que você deveria saber sobre ciência. São Paulo: Ed. da Unesp, 2003.

COLLINS, R. **The sociology of philosophies**: A global theory of intellectual change. Cambridge: The Belknap Press of Harvard University Press, 1998.

CONNOLLY, W. E. **Neuropolitics**: Thinking, culture, speed (theory out of bounds). Minneapolis: University of Minnesota Press, 2002.

CONOLE, G.; LAAT, M.; DILLON, T.; DARBY, J. **Student experiences of Technologies**. Joint Information Systems Committee (JISC) Final Report. Disponível em: <http://www.jisc.ac.uk/publications/publications/lxpfinalreport.aspx>. Acesso em: 17 nov. 2010.

CONSALVO, M. **Cheating**: Gaining advantage in videogames. Massachusetts: The MIT Press, 2007.

COTÉ, M.; PYBUS, J. **Learning to immaterial labor 2.0**: MySpace and social networks. Disponível em: <http://www.ephemeraweb.org/journal/7-1/7-1cote-pybus.pdf>. Acesso em: 17 nov. 2010.

COULDRY, N.; CURRAN, J. **Contesting media power**: alternative media in a networked world. London: Rowman & Littlefield Publishers, 2003.

CRITICAL THINKING COMMUNITY. **Socratic teaching**. Disponível em: <http://lonestar.texas.net/~mseifert/crit3.html>. Acesso em: 17 nov. 2010.

CULT OF THE DEAD COW. **Hacktivismo**. Disponível em: <http://www.hacktivismo.com/news/>. Acesso em: 17 nov. 2010.

CUNNINGHAM, W. **What is a wiki?** Disponível em: <http://www.wiki.org/wiki.cgi?WhatIsWiki>. Acesso em: 17 nov. 2010a.

_____. **Wiki design principles**. Disponível em: <http://c2.com/cgi/wiki?WikiDesignPrinciples>. Acesso em: 17 nov. 2010b.

CUTTER, A. G. **Journalists**: Must they remain neutral in conflict? Disponível em: <http://www.un.org/Pubs/chronicle/1999/issue2/0299p29_2.htm>. Acesso em: 17 nov. 2010.

DAHLBERG, L. **Computer-Mediated Communication and the public sphere**: A critical analysis. Disponível em: <http://jcmc.indiana.edu/vol7/issue1/dahlberg.html>. Acesso em: 17 nov. 2010.

DAHLBERG, L.; SIAPERA, E. (Org.) **Radical Democracy and the Internet**: interrogating theory and practice. New York: Palgrave Macmillan, 2007.

DAHLGREN, P. **Civic Cultures and Net Activism**: Modest Hopes for the EU Public Sphere. Disponível em: <http://www.arena.uio.no/cidel/WorkshopStirling/PaperDahlgren.pdf>. Acesso em: 17 nov. 2010.

DARDER, A.; BALTODANO, M. P.; TORRES, R. D. (Org.). **The critical pedagogy reader**. London: Routledge, 2009.

DAVIES, M. R. **Wiki wisdom**: Lessons for educators. Disponível em: <http://www.edweek.org/dd/articles/2007/09/12/02wiki.h01.html>. Acesso em: 17 nov. 2010.

DAWKINS, R. **The selfish gene**. Oxford: Oxford University Press, 1998.

DEAN, J.; ANDERSON, J. W.; LOVINK, G. **Reformatting politics**: information technology and global civil society. London: Routledge, 2006a.

_____. **Introduction**: the postdemocratic governmentality of networked societies. In: DEAN, J.; ANDERSON, J. W.; LOVINK, G. **Reformatting politics**: Information technology and global civil society. London: Routledge, 2006b.

DEJOURS, C. **A banalização da injustiça social**. Rio de Janeiro: FGV, 2001.

DE LANDA, M. **A thousand years of nonlinear history**. New York: Swerve Editions, 1997.

DEMO, P. **Argumento de autoridade x autoridade do argumento**. Rio de Janeiro: Tempo Brasileiro, 2005a.

_____. **Certeza da incerteza**: ambivalências do conhecimento e da vida. Brasília: Plano, 2000a.

_____. **Charme da exclusão social**. Campinas: Autores Associados, 1999.

_____. **Cidadania pequena**. Campinas: Autores Associados, 2001a.

_____. **Complexidade e aprendizagem**: A dinâmica não linear do conhecimento. São Paulo: Atlas, 2002a.

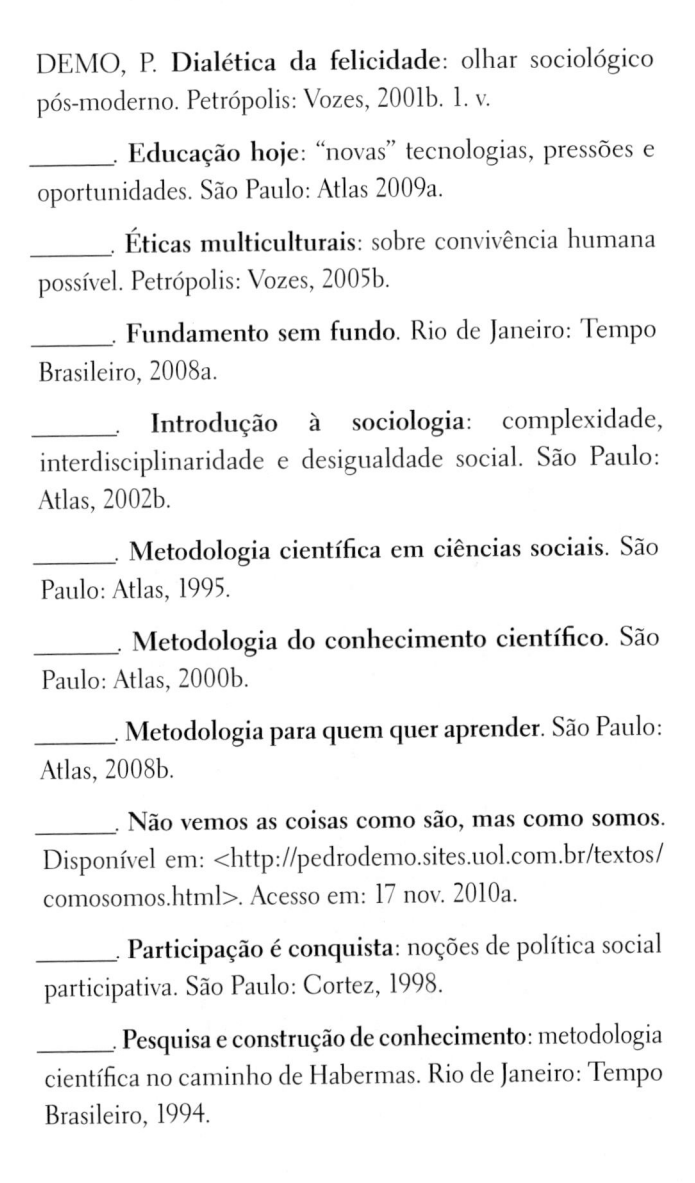

DEMO, P. **Dialética da felicidade**: olhar sociológico pós-moderno. Petrópolis: Vozes, 2001b. 1. v.

_____. **Educação hoje**: "novas" tecnologias, pressões e oportunidades. São Paulo: Atlas 2009a.

_____. **Éticas multiculturais**: sobre convivência humana possível. Petrópolis: Vozes, 2005b.

_____. **Fundamento sem fundo**. Rio de Janeiro: Tempo Brasileiro, 2008a.

_____. **Introdução à sociologia**: complexidade, interdisciplinaridade e desigualdade social. São Paulo: Atlas, 2002b.

_____. **Metodologia científica em ciências sociais**. São Paulo: Atlas, 1995.

_____. **Metodologia do conhecimento científico**. São Paulo: Atlas, 2000b.

_____. **Metodologia para quem quer aprender**. São Paulo: Atlas, 2008b.

_____. **Não vemos as coisas como são, mas como somos**. Disponível em: <http://pedrodemo.sites.uol.com.br/textos/comosomos.html>. Acesso em: 17 nov. 2010a.

_____. **Participação é conquista**: noções de política social participativa. São Paulo: Cortez, 1998.

_____. **Pesquisa e construção de conhecimento**: metodologia científica no caminho de Habermas. Rio de Janeiro: Tempo Brasileiro, 1994.

DEMO, P. **Pesquisa e informação qualitativa**. Campinas: Papirus, 2001c.

_____. **Pesquisa participante**: saber pensar e intervir juntos. Brasília: LiberLivro, 2004a.

_____. **Pobreza política**: a pobreza mais intensa da pobreza brasileira. Campinas: Autores Associados, 2007.

_____. **Politicidade**: razão humana. Campinas: Papirus, 2002c.

_____. **Pós-sociologia** – para desconstruir e reconstruir a sociologia. Brasília: Universa, 2009b.

_____. **Qualidade humana**. Campinas: Autores Associados, 2009c.

_____. **Saber pensar é questionar**. Brasília: LiberLivro, 2010b.

_____. **Sociologia da educação**: sociedade e suas oportunidades. Brasília: LiberLivro, 2004b.

_____. **Solidariedade como efeito de poder**. São Paulo: Cortez, 2002d.

_____. "Tecnofilia" & "tecnofobia". In: **Boletim Técnico do Senac**, v. 35, n. 1, p. 5-17, jan./abr. 2009d.

DENNETT, D. C. **Consciousness explained**. New York: Back Bay Books, 1991.

_____. **Kinds of minds**: toward an understanding of consciousness. New York: Basic Books, 1996.

DIAMOND, J. **Collapse**: how societies choose to fall or succeed. New York: Viking, 2005.

_____. **Guns, Germs, and Steel**: The fates of human societies. New York: W. W. Norton & Company, 1999.

DIJK, J. A. G. M. **The deepening divide** – inequality in the information society. London: Sage Publications, 2005.

DOMINGUEZ, R. N. D. **Digital Zapatismo**. Disponível em: <http://www.thing.net/~rdom/ecd/DigZap.html>. Acesso em: 17 nov. 2010.

DREHER, M. J. **Children searching and using information text**: a critical part of comprehension. Disponível em: <http://www.readingonline.org/articles/art_index.asp?HREF=/articles/brown>. Acesso em: 17 nov. 2010.

DRENTHEN, M.; KEULARTZ, J.; PROCTOR J. (Org.). **New visions of nature**: complexity and authenticity. New York: Springer, 2009.

DREYFUS, H. L. **What computers still can't do**: A critique of artificial reason. Cambridge: The MIT Press, 1997.

DUDERSTADT, J. J. **A University for the 21st century**. Ann Arbor: The University of Michigan Press, 2003.

DUFFY, P.; BRUNS, A. **The use of blogs, wikis, and RSS in education**: a conversation of possibilities. Disponível em: <https://olt.qut.edu.au/udf/OLT2006/gen/static/papers/Duffy_OLT2006_paper.pdf>. Acesso em: 17 nov. 2010.

DUGATKIN, L. **Cheating monkeys and citizen bees**: The nature of cooperation in animals and humans. Massachusetts: Harvard University Press, 1999.

DUPAS, G. **O mito do progresso**. São Paulo: Ed. da Unesp, 2006.

DURHAN, M. G. **The Lolita Effect**. New York: The Overlook Press, 2008.

EBERSBACH, A.; GLASER, M.; HEIGL, R. **Wiki**: Web collaboration. Berlin: Springer Verlag, 2006.

EDELMAN, G. M.; TONONI, G. **A Universe of Consciousness**: How matter becomes imagination. New York: Basic Books, 2000.

EHLERS, U. **The "e"**: empowering learners – myths and realities in learner-oriented elearning quality. eLearning papers. Disponível em: <http://www.elearningeuropa.info/files/media/media11560.pdf>. Acesso em: 17 nov. 2010.

ELECTROHIPPIES COLLECTIVE. **Who does the internet serve?** Disponível em: <http://www.iwar.org.uk/hackers/resources/ica/hacktivism.htm 77>. Acesso em: 17 nov. 2010.

EMIGH, W.; HERRING, S. C. **Collaborative authoring on the web**: a genre analysis of online encyclopedias. Disponível em: <http://robertoigarza.files.wordpress.com/2008/10/art-collaborative-authoring-on-the-web-emigh-2005.pdf>. Acesso em: 17 nov. 2010.

ENCYCLOPEDIA BRITANNICA. **Fatally Flawed**: refuting the recent study on encyclopedic accuracy by the journal Nature. Disponível em: <http://corporate.britannica.com/britannica_nature_response.pdf>. Acesso em: 17 nov. 2010.

ENGELS, F. **Do socialismo utópico ao socialismo científico**. Lisboa: Estampa, 1971.

EQUILIBRATION. Disponível em: <http://penta.ufrgs.br/edu/telelab/3/equilibr.htm>. Acesso em: 17 nov. 2010.

ESCOBAR, A. **Other worlds are (already) possible**: Cyber-internationalism and post-capitalist cultures. Disponível em: <http://www.cibersociedad.net/textos/articulo.php?art=18>. Acesso em: 17 nov. 2010.

ESHET-ALKALAI. **Digital literacy**: A conceptual framework for survival skills in the digital era. Disponível em: <http://www.openu.ac.il/Personal_sites/download/Digital-literacy2004-JEMH.pdf>. Acesso em: 17 nov. 2010.

EXPLORING WIKIS ON-LINE. Disponível em: <http://www.pageflakes.com/oceansurfdude.ashx>. Acesso em: 17 nov. 2010.

EVANS, R. **The Human Side of School Change**: Reform, resistance, and the real-life problems of innovation. San Francisco: Jossey-Bass, 2001.

FABOS, B. The Price of Information. In: COIRO, J., KNOBEL, M., LANKSHEAR, C.; LEU, D. J. (Org.) **Handbook of research on new literacies**. New York: Lawrence Erlbaum Ass., 2008.

FARREN, M. **E-Learning and Action Research as Transformative Practice**. Disponível em: <http://www.innovateonline.info/index.php?view=article&id=543&action=synopsis>. Acesso em: 17 nov. 2010.

FERIS, S.; WILDER, H. **Uses and potential of wikis in the classroom**. Disponível em: <http://jmajor.midsolutions.org/?p=144>. Acesso em: 17 nov. 2010.

FEYERABEND, P. **Contra o método**. Rio de Janeiro: F. Alves, 1977.

FLICK, U. **Introdução à pesquisa qualitativa**. Porto Alegre, Artmed, 2009.

FOREMAN, J. **Next generation educational technology versus the lecture**. Disponível em: <http://net.educause.edu/ir/library/pdf/erm0340.pdf>. Acesso em: 17 nov. 2010.

FORRESTER, V. **O horror econômico**. São Paulo: Ed. da Unesp, 1997.

FOUCAULT, M. **A hermenêutica do sujeito**. São Paulo: M. Fontes, 2004.

_____. **A ordem do discurso**. São Paulo: Loyola, 2000.

FOUCAULT, M. **Microfísica do poder**. Rio de Janeiro: Graal, 1979.

_____. **Vigiar e punir**. Petrópolis: Vozes, 2007.

FRASER, N. Rethinking the public sphere: A contribution to the critique of actually existing democracy. In: CALHOUN, G. (Org.). The MIT Press, Massachusetts, 1992. p. 109-142.

FREEMAN, J. **The tyranny of structurelessness**. Disponível em: <http://www.bopsecrets.org/CF/structurelessness.htm>. Acesso em: 17 nov. 2010.

FREIRE, P. **Dialogando com Jürgen Habermas**. Rio de Janeiro: Tempo Brasileiro, 2005.

FREIRE, P. **Pedagogia da autonomia**: saberes necessários à prática educativa. Rio de Janeiro: Paz e Terra, 1997.

_____. **Pedagogia do oprimido**. Rio de Janeiro: Paz e Terra, 2006.

FREITAG, B. A teoria crítica: Ontem e hoje. Brasiliense: São Paulo, 1986.

FRIED, R. L. **The game of school**. New York: Jossey-Bass, 2005.

FRIEDMAN, T. L. **O mundo é plano**: uma breve história do século XXI. Rio de Janeiro: Objetiva, 2005.

FROOMKIN, A. M. **Habermas@Discourse.net**: Toward a critical theory of cyberspace. Disponível em: <http://osaka.law.miami.edu/~froomkin/discourse/ils.pdf>. Acesso em: 17 nov. 2010.

FUCHS, C. **Internet and Society**: Social theory in the information age. London: Routledge, 2008.

GADAMER, H. G. **Verdade e método**: traços fundamentais de uma hermenêutica filosófica. Petrópolis: Vozes, 1997.

GALLO, J. **Weblog journalism**: Between infiltration and integration. Disponível em: <http://blog.lib.umn.edu/blogosphere/weblog_journalism.html>. Acesso em: 17 nov. 2010.

GALLOWAY, A. R. **Protocol**: How control exists after decentralization. Cambridge: The MIT Press, 2004.

GALLOWAY, A. R.; THACKER, E. **The exploit**: A theory of networks. Minnesota: University of Minnesota Press, 2007.

GARDNER, J. N. **Biocosm**: The new scientific theory of evolution: intelligent life is the architect of the universe. Makawao: Inner Ocean Publishing, 2003.

_____. **The intelligent universe**: AI, ET, and the emerging mind of the cosmos. Franklin Lakes: New Page Books, 2007.

GARLIKOV, R. **The socratic method**: Teaching by asking instead of by telling. Disponível em: <http://www.garlikov.com/Soc_Meth.html>. Acesso em: 17 nov. 2010.

GAULT, F.; VON HIPPEL, E. **The prevalence of user innovation and free innovation transfers**: Implications for statistical indicators and innovation policy. Disponível em: <http://web.mit.edu/evhippel/www/papers/Fred%20and%20Eric%20SSRN%202009.pdf>. Acesso em: 17 nov. 2010.

GENSOLLEN, M. **Économie non-rivale et communautés d'information**. Disponível em: <http://www.gensollen.net/CarryleRouet_040519.pdf>. Acesso em: 17 nov. 2010.

GIERE, R. N. **Science without laws**. Chicago: The University of Chicago Press, 1999.

GILES, J. **Internet encyclopaedias go head to head.** Disponível em: <http://www.nature.com/nature/journal/v438/n7070/full/438900a.html>. Acesso em: 17 nov. 2010.

GILLMOR, D. **We the media**: grassroots journalism by the people, for the people. Disponível em: <http://wethemedia.oreilly.com>. Acesso em: 17 nov. 2010.

GIROUX, H. A. Critical theory and educational practice. In: DARDER, A.; BALTODANO, M. P.; TORRES, R. D. (Org.). **The critical pedagogy reader**. London: Routledge, 2009.

GLAZER, E. M.; HANNAFIN, M. J. **The collaborative apprenticeship model**: situated professional development within school settings. Disponível em: <http://www.citeulike.org/user/martindale/article/446400>. Acesso em: 17 nov. 2010.

GLEICK, J. **Faster**: The acceleration of just about everything. New York: Pantheon Books, 1999.

GNU. **The free software definition**. Disponível em: <http://www.gnu.org/philosophy/free-sw.html>. Acesso em: 17 nov. 2010.

GODOI, C. K.; BANDEIRA-DE-MELLO, R.; SILVA, A. B. (Org.). **Pesquisa qualitativa em estudos organizacionais**. São Paulo: Saraiva, 2006.

GOHN, M. G. **O protagonismo da sociedade civil**: movimentos sociais, ONGs e redes solidárias. São Paulo: Cortez, 2005.

GOLDSMITH, J.; WU, T. **Who Controls the internet?** Illusions of a borderless world. Oxford: Oxford University Press, 2006.

GORENDER, J. **Marxismo sem utopia**. São Paulo: Ática, 1999.

GORZ, A. **O imaterial**: conhecimento, valor e capital. São Paulo: AnnaBlume, 2005.

GOULD, S. J. **The structure of evolutionary theory**. Cambridge: The Belknap Press of Harvard Univ, 2002.

GOYARD-FABRE, S. **O que é democracia?** Lisboa: M. Fontes, 2003.

GRAY, M. **Urban surveillance and panopticism**: Will we recognize the facial recognition society? Disponível em: <http://www.surveillance-and-society.org/articles1%283%29/facial.pdf>. Acesso em: 17 nov. 2010.

GRIBBIN, J. **The search for superstrings, symmetry, and the theory of everything**. New York: Little, Brown and Company, 1998.

GRIFFITHS, R. T. **The history of the internet**. Disponível em: <http://www.let.leidenuniv.nl/history/ivh/frame_theorie.html>. Acesso em: 17 nov. 2010.

GROSSI, E. P. **Por aqui ainda há quem não aprende?** Rio de Janeiro: Paz e Terra, 2004.

HAACK, S. **Defending Science within reason** – Between scientism and cynicism. New York: Prometheus Books, 2003.

HABERMAS, J. **Consciência moral e agir comunicativo**. Rio de Janeiro: Tempo Brasileiro, 1989.

_____. **The structural transformation of the public sphere**: an inquiry into a category of bourgeois society. Massachusetts: The MIT Press, 1991.

HALLOWELL, E. M. **CrazyBusy** – overstretched, overbooked, and about to snap! Strategies for handling your fast-paced life. New York: Ballantine Books, 2006.

HARDING, A. **Violent videogames linked to child aggression**. Disponível em: <http://www.cnn.com/2008/HEALTH/family/11/03/healthmag.violent.video.kids/>. Acesso em: 17 nov. 2010.

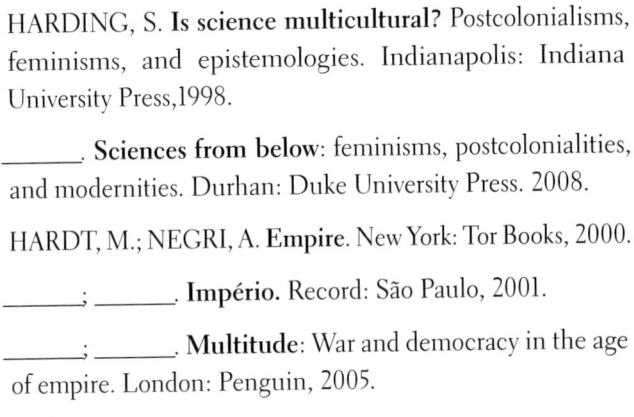

HARDING, S. **Is science multicultural?** Postcolonialisms, feminisms, and epistemologies. Indianapolis: Indiana University Press,1998.

_____. **Sciences from below**: feminisms, postcolonialities, and modernities. Durhan: Duke University Press. 2008.

HARDT, M.; NEGRI, A. **Empire**. New York: Tor Books, 2000.

_____; _____. **Império**. Record: São Paulo, 2001.

_____; _____. **Multitude**: War and democracy in the age of empire. London: Penguin, 2005.

HARGADON, S. Classroom 2.0. 2008. Disponível em: <http://www.classroom20.com/profiles/blog/show?id=649749%3ABlogPost%3A115854>. Acesso em: 17 nov. 2010.

HARRINGTON, N. A. What is the Socratic method? Disponível em: <http://www.greatbooksacademy.org/html/what_is_the_socratic_method_.html>. Acesso em: 17 nov. 2010.

HASSAN, R. **The information society**. Cambridge: Polity Press, 2008.

HAYLES, N. K. **Electronic literature**: New horizons for the literary. Indiana: University of Notre Dame Press, 2008.

HEIDER, D. (Org.). **Living virtually**: Researching new worlds. New York: Peter Lang, 2009.

HINDMAN, M.; TSIOUTSIOULIKLIS, K.; JOHNSON, A. **"Googlearchy"**: How a few heavily-linked sites dominate politics on the web. Disponível em: <http://www.cs.princeton.edu/~kt/mpsa03.pdf>. Acesso em: 17 nov. 2010.

HOBSBAWM, E. **Era dos extremos**: O breve século XX – 1914-1991. São Paulo: Companhia das Letras, 1995.

HOFSTADTER, D. R. **Gödel, Escher, Bach**: um entrelaçamento de gênios brilhantes. Brasília: Editora da UnB, 2001.

HOLLAND, J. H. **Emergence**: From chaos to order. Massachusetts: Helix Books, 1998.

HOLLOWAY, J. **Mudar o mundo sem tomar o poder**. São Paulo: Viramundo, 2003.

HOWE, J. **Crowdsourcing**: Why the power of the crowd is driving the future of business. New York: The Three Rivers Press, 2009.

HUWS, U. **The making of a cybertariat**: virtual work in a real world. New York: Monthly Review; London: The Merlin Press, 2003.

ITO, M. **Remix**: Comment submitted to the Library of Congress in support of the proposal for an exemption to prohibition of copyright systems for access control technologies, submitted by the Electronic Frontier Foundation, proposed class 11A. Disponível em: <http://www.copyright.gov/1201/2008/responses/mizuko-ito-20.pdf>. Acesso em: 17 nov. 2010.

JACOB, B. A.; LEVITT, S. D. **Catching cheating teachers**: The results of an unusual experiment in implementing theory. Disponível em: <http://pricetheory.uchicago.edu/

levitt/Papers/JacobLevittCatchingCheating2003.pdf>. Acesso em: 17 nov. 2010.

JAMESON, F. **O marxismo tardio**: Adorno, ou a persistência da dialética. São Paulo: Ed. Unesp, 1997.

JENKINS, H. **Confronting the challenges of participatory culture**: Media education for the 21st century. 2006. Disponível em: <http://www.digitallearning.macfound.org/atf/cf/%7B7E45C7E0-A3E0-4B89-AC9C-E807E1B0AE4E%7D/JENKINS_WHITE_PAPER.PDF>. Acesso em: 17 nov. 2010.

JENSEN, H. J. **Self-Organized Criticality**: Emergent complex behavior in physical and biological systems. Cambridge: Cambridge University Press, 1998.

JOHNSON, E. **Democracy defended**: polibloggers and the political press in America. Disponível em: <http://reconstruction.eserver.org/064/johnson.shtml>. Acesso em: 17 nov. 2010.

JOHNSON, S. **Emergence**: The connected lives of ants, brains, cities, and software. New York: Simon & Shuster, 2001.

JOHNSON, D.; JOHNSON, R. **Cooperation and the use of technology**. Disponível em: <http://www.aect.org/edtech/30.pdf>. Acesso em: 17 nov. 2010.

KAHN, R.; KELLNER, D. **New media and internet activism**: From the Battle of Seattle to blogging. Disponível em: <http://richardkahn.org/writings/tep/newmediaactivism.pdf>. Acesso em: 17 nov. 2010.

KARPATI, A. **Net generation**. Disponível em: <http://www.elearningeuropa.info/directory/index.php?page=doc&doc_id=1573&doclng=6>. Acesso em: 17 nov. 2010.

KEEN, A. **The cult of the amateur**. London: Nicholas Brealey Publishing, 2007.

KELLNER, D. **Critical theory, marxism, and modernity**. New York: The J. Hopkins University Press, 1989.

KIM, B. Social Constructivism. 2001. Disponível em: <http://projects.coe.uga.edu/epltt/index.php?title=Social_Constructivism> Acesso em: 17 nov. 2010.

KIM, J. Y.; MILLEN, J. V.; IRWIN, A.; GERSHMANET, J. (Org.). **Dying for Growth**: Global inequality and the health of the poor. Monroe: Common Courage Press, 2000.

KING, J. Openness and its discontents. In: DEAN, J., ANDERSON, J. W.; LOVINK, G. **Reformatting Politics**: Information technology and global civil society. London: Routledge, 2006.

_____. **The packet gang**. Disponível em: <http://publication.nodel.org/The-Packet-Gang>. Acesso em: 17 nov. 2010.

KIRKPATRICK, M. **The flu wiki**: A serious application of new web tools. Disponível em: <http://marshallk.blogspot.com/2005/07/flu-wiki-serious-application-of-new.html>. Acesso em: 17 nov. 2010.

KITTUR, A.; CHI, E.; PENDLETON, B. A., SUH, B.; MYTKOWICZ, T. **Power of the Few vs. Wisdom of the crowd**: Wikipedia and the rise of the bourgeoisie. <http://

www.viktoria.se/altchi/submissions/submission_edchi_1.pdf>. Acesso em: 17 nov. 2010.

KLEIN, R. G. **The Dawn of Human Culture**. New York: John Wiley & Sons, Inc., 2002.

KOSKELA, H. **Webcams, TV shows and mobile phones**: empowering exhibitionism. Disponível em: <http://www.surveillance-and-society.org/articles2%282%29/webcams.pdf>. Acesso em: 17 nov. 2010.

KOSKO, B. **The Fuzzy Future**: from society and science to heaven in a chip. New York: Harmony Books, 1999.

KRESS, G. **Literacy in the New Media Age**. London: Routledge, 2002.

KRESS, G.; LEEUWEN, T. **Multimodal Discourse**: The modes and media of contemporary communication. London: Arnold, 2001.

_____. **Reading Images**: The grammar of visual design. London: Routledge, 2005.

KUHN, T. S. **A estrutura das revoluções científicas**. São Paulo: Perspectiva, 1975.

KURZ, R. **O colapso da modernização**: da derrocada do socialismo de caserna à crise da economia mundial. Rio de Janeiro: Paz e Terra, 1996.

_____. **Os últimos combates**. Petrópolis: Vozes, 1997.

KURZWEIL, R. **The Singularity Is Near**: When humans transcend biology. New York: Viking, 2005.

LAMB, B. **Dr. Mashup**; or, why educators should learn to stop worrying and love the remix. Disponível em: <http://connect.educause.edu/Library/EDUCAUSE+Review/DrMashuporWhyEducatorsSho/44592>. Acesso em: 17 nov. 2010.

LANCASTER, T.; CULWIN, F. **Using freely available tools to produce a partially automated plagiarism detection process**. Disponível em: <http://www.ascilite.org.au/conferences/perth04/procs/lancaster.html>. Acesso em: 17 nov. 2010.

LANIER, J. **Digital Maoism**: The hazards of the new online collectivism. Disponível em: <http://www.edge.org/3rd_culture/lanier06/lanier06_index.html>. Acesso em: 17 nov. 2010.

LASTOWKA, G.; HUNTER, D. **Amateur-to-Amateur**: The Rise of a New Creative Culture. Disponível em: <http://www.cato.org/pub_display.php?pub_id=6359>. Acesso em: 17 nov. 2010.

LATTERELL, C. G. **Remix – Reading + composing culture**. New York: Bedford/St. Martin's, 2006.

LEE, J. A. B. **The Empowerment Approach to Social Work Practice**: Building the beloved community. New York: Columbia University Press, 2001.

LEINER, B. M.; CERF, V. G.; CLARK, D. D. et al. **A brief history of the internet**. Disponível em: <http://www.isoc.org/internet/history/brief.shtml>. Acesso em: 17 nov. 2010.

LERNER, J.; TIROLE, J. **The Economics of Technology Sharing**: Open source and beyond. Disponível em: <http://www.nber.org/papers/w10956.pdf>. Acesso em: 17 nov. 2010.

LESH, R.; DOERR, H. M. (Org.). **Beyond Constructivism**. London: Lawrence Erlbaum Associates, Publishers, 2003.

LESH, R. A.; HAMILTON, E.; KAPUT, J. J. (Org.). **Foundations for the Future in Mathematics Education**. London: Lawrence Erlbaum Associates Publishers, 2007.

LESSIG, L. **Free Culture**: The nature and future of creativity. London: Penguin Books, 2004.

LESSIG, L. Foreword. In: ZITTRAIN, J. **The Future of the Internet**: And how to stop it. New Haven: Yale University Press, 2008.

LESSIG, L. **Who owns culture?** Disponível em: <http://video.google.com/videoplay?docid=6122403781064290619>. Acesso em: 17 nov. 2010.

LEUF, B.; CUNNINGHAM, W. **The Wiki Way**: Quick collaboration on the web. New York: Addison-Wesley, 2001.

LEVINS, R.; LEVONTIN, R. **The Dialectical Biologist**. Massachusetts: Harvard University Press, 1985.

LÉVI-STRAUSS, C. **Antropologia estrutural 1**. Rio de Janeiro: Tempo Brasileiro, 1967.

_____. **Antropologia estrutural 2**. Rio de Janeiro: Tempo Brasileiro, 1976.

LEWIS, M. **The New New Thing**: A Silicon Valley story. New York: W.W. Norton & Company, 2000.

LEWIS, T.; AMINI, F.; LANNON, R. **A General Theory of Love**. New York: Random House, 2000.

LIH, A. **The Wikipedia Revolution**. New York: Hyperion, 2009.

_____. **Wikipedia as participatory journalism**: Reliable sources? Disponível em: <http://jmsc.hku.hk/faculty/alih/publications/utaustin-2004-wikipedia-rc2.pdf>. Acesso em: 17 nov. 2010.

LIVINGSTONE, S.; BOBER, M. **UK children go online**. Disponível em: <http://www.york.ac.uk/res/e-society/projects/1.htm>. Acesso em: 17 nov. 2010.

LUXEMBURG, R. **Reforma, revisionismo e oportunismo**. Rio de Janeiro: Civilização Brasileira,1975.

MACCIOCCHI, M. A. **A favor de Gramsci**. Rio de Janeiro: Paz e Terra, 1976.

MADER, S. **Using wiki in education**. Disponível em: <http://www.scienceofspectroscopy.info/edit/index.php?title=Using_wiki_in_education>. Acesso em: 17 nov. 2010a.

_____. **Using wiki in education, the book**. Disponível em: <http://www.contosdaescola.net/wiki-in-education-resenha-do-wiki-book-de-stewart-mader>. Acesso em: 17 nov. 2010b.

_____. **Wikipatterns**. London: Willey, 2007.

MAEROFF, G. I. **A Classroom of One**: How online learning is changing our schools and colleges. New York: Palgrave Macmillan, 2003.

MARRES, N. Net-work is Format Work: Issue networks and the sites of civil society politics. In: DEAN, J.; ANDERSON, J. W.; Lovink, G. **Reformatting Politics**: Information technology and global civil society. London: Routledge, 2006.

MASON, R.; RENNIE, F. **E-Learning and Social Networking Handbook**: Resources for Higher Education. London: Routledge, 2008.

MASSUMI, B. **Parables for the Virtual** – Movement, affect, sensation. London: Duke University Press, 2002.

MATEOS-GARCIA, J.; STEINMUELLER, W. E. **Applying the Opens Source development model**. Disponível em: <http://www.sussex.ac.uk/Units/spru/publications/imprint/sewps/sewp94/sewp94.pdf>. Acesso em: 17 nov. 2010.

_____. **The Open Source Way of Working**: a New Paradigm for the Division of Labour in Software Development? Disponível em: <http://ideas.repec.org/p/sru/ssewps/92.html>. Acesso em: 17 nov. 2010.

MATSUSAKA, J. G. **Direct Democracy Works**. Disponível em: <http://www-rcf.usc.edu/~matsusak/Papers/Matsusaka%20JEP%202005.pdf>. Acesso em: 17 nov. 2010.

MATURANA, H. **Cognição, ciência e vida cotidiana**. Belo Horizonte: Ed. Humanitas/UFMG, 2001.

MATURANA, H.; VARELA, F. **De máquinas y seres vivos**: Autopoiesis: la organización de lo vivo. Santiago: Editorial Universitária, 1994.

MAUSS, M. **Ensaio sobre a dádiva**. Lisboa: Edições 70, 1989.

MAXWELL, M. **Introduction to the Socratic Method and its Effect on Critical Thinking**. Disponível em: <http://www.socraticmethod.net>. Acesso em: 17 nov. 2010.

MCAFEE, A. P. **Enterprise 2.0**: The dawn of emergent collaboration. Disponível em: <http://andrewmcafee.org/2006/03/the_three_trends_underlying_enterprise_20/>. Acesso em: 17 nov. 2010.

MCSPORRAN, M.; YOUNG, S. **Critical skills for online teaching**. Disponível em: <http://www.naccq.ac.nz/bacit/0203/2004McSporran_OnlineSkills.htm>. Acesso em: 17 nov. 2010.

MEHGAN, D. **Bias, Sabotage Haunt Wikipedia's free world**. Disponível em: <http://www.boston.com/news/nation/articles/2006/02/12/bias_sabotage_haunt_wikipedias_free_world/ >. Acesso em: 17 nov. 2010.

MEJIAS, U. A. **Social Media and Networked Public Sphere**. Disponível em: <http://blog.ulisesmejias.com/2006/07/20/social-media-and-the-networked-public-sphere/>. Acesso em: 17 nov. 2010.

MÉSZÁROS, I. **Para além do capital**. São Paulo: Boitempo, 2002.

MITRA, S.; RANA, V. **Children and the Internet**: Experiments with minimally invasive education in India. Disponível em: <http://www.hole-in-the-wall.com/docs/Paper02.pdf>. Acesso em: 17 nov. 2010.

MODINE, A. **Internet searches stimulate brain more than books**. Disponível em: <http://www.theregister.co.uk/2008/10/16/internet_stimulates_brain_more_than_books_study/>. Acesso em: 17 nov. 2010.

MOE, T. M.; CHUBB, J. E. **Liberating Learning** – Technology, politics, and the future of American education. New York: Jossey-Bass, 2009.

MOODY, G. **Rebel Code**: Linux and the Open Source Revolution. London: Allen Lane, 2001.

MORIN, E. **Ciência com consciência**. Rio de Janeiro: Bertrand Brasil, 1996.

_____. **La Méthode – 5**. L'humanité de l'humanité. L'identité humaine. Paris: Seuil, 2002.

_____. **Sociologia**: a sociologia do microssocial ao macroplanetário. Portugal: Europa-América, 1998.

MOROWITZ, H. J. **The Emergence of Everything**. Oxford: Oxford University Press, 2002.

MOSS, L. Detachment, Genomics and the Nature of Being Human. In: DRENTHEN, M.; KEULARTZ, J.; PROCTOR, J. (Org.). **New Visions of Nature**: Complexity and authenticity. New York: Springer, 2009.

MOSSBERGER, K.; TOLBERT, C. J.; STANSBURY, M. **Virtual Inequality**: Beyond the digital divide. Washington: Georgetown University Press, 2003.

MOTSCHNIG-PITRIK, R.; JOLZINGER, A. **Student-centered teaching meets new media**: Concept and case study. Disponível em: <http://www.ifets.info/journals/5_4/renate.pdf>. Acesso em: 17 nov. 2010.

MOUFFE, C. **The Democractic Paradox**. New York: Verso, 2009.

_____. **The Return of the Political**. New York: Verso, 2006.

MOUFFE, C. **Which democracy in a post-political age?** Disponível em: <http://darkmarkets.t0.or.at/materials/abstract_mouffe.htm>. Acesso em: 17 nov. 2010.

NAISBITT, J. **High Tech, High Touch** – Technology and our search for meaning. New York: Broadway Books, 1999.

NATURE'S **Response To Encyclopedia Britannica**. Disponível em: <http://www.nature.com/nature/britannica/index.html>. Acesso em: 17 nov. 2010.

NICHOLSON, S. **Socialization in the "virtual hallway"**: Instant messaging in the asynchronous web-based distance education classroom. Disponível em: <http://bibliomining.com/nicholson/virthall.html>. Acesso em: 17 nov. 2010.

NICKELL, E.; MOORE, R. J. **"Alone Together?"**: Exploring the social dynamics of massively multiplayer online games. Disponível em: <http://www.nickyee.com/pubs/Ducheneaut,%20Yee,%20Nickell,%20Moore%20-%20

Alone%20Together%20%282006%29.pdf>. Acesso em: 17 nov. 2010.

NICOTEXT. **Stupedia**: The most useless facts on Wikipedia. Sweden: Nicotext, 2009.

NORRETRANDERS, T. **The User Illusion**: Cutting consciousness down to size. New York: Penguin Books, 1998.

NORRIS, P. **Democratic Phoenix**: Reinventing political activism. Disponível em: <http://ksghome.harvard.edu/~pnorris/Books/Democratic%20Phoenix.htm>. Acesso em: 17 nov. 2010.

NOTARI, M. **How to use a wiki in education**: Wiki based effective constructive learning. Disponível em: <http://www.wikisym.org/ws2006/proceedings/p131.pdf>. Acesso em: 17 nov. 2010.

O'NEIL, M. **Cyber Chiefs**: Autonomy and authority in online tribes. New York: Pluto Press, 2009.

OBLINGER, D. **The next generation of educational engagement**. Disponível em: <http://www-jime.open.ac.uk/2004/8/oblinger-2004-8-disc-paper.html>. Acesso em: 17 nov. 2010a.

_____. **Boomers, Gen-Xers, and Millennials**: Understanding the New Students. Disponível em: <http://www.educause.edu/apps/er/erm03/erm034.asp>. Acesso em: 17 nov. 2010.

OBLINGER, D.; BARONE, C.; HAWKINS, B. **Distributed education and its challenges**: An overview. Disponível em:

<http://www.acenet.edu/bookstore/pdf/distributed-learning/distributed-learning-01.pdf>. Acesso em: 17 nov. 2010.

OBLINGER, D. G.; OBLINGER, J. L. **Educating the net generation**. Washington: Educause, 2005.

OWENS, R. G. (Org.). **Organizational Behavior in Education**: Adaptive leadership and school reform. New York: Pearson, 2004.

PALFREY, J. The end of the experiment: The failure of democracy. In: DEAN, J., ANDERSON, J. W.; LOVINK, G. **Reformatting Politics**: Information technology and global civil society. London: Routledge, 2006.

PALLOFF, M. R.; PRATT, K. **Building On-line Learning Communities**: Effective strategies for the virtual classroom. New York: Wiley, 2007.

_____. **Collaborating On-line**: Learning together in community. New York: Jossey-Bass, 2005.

PANTIC, D. Anybody can be TV: How P2P home video will challenge the network news. In: DEAN, J.; ANDERSON, J. W.; LOVINK, G. **Reformatting Politics**: Information technology and global civil society. London: Routledge, 2006.

PAPERT, S. **A máquina das crianças**: Repensando a escola na era da informática. Porto Alegre: Artmed, 1994.

PARKER, K. R.; CHAO, J. T. **Wiki as a teaching tool**. Disponível em: <http://ijklo.org/Volume3/IJKLOv3p057-072Parker284.pdf>. Acesso em: 17 nov. 2010.

PAUL, R.; ELDER, L.; BARTELL, T. **A Brief History of the Idea of Critical Thinking**. Disponível em: <http://www.criticalthinking.org/aboutCT/briefHistoryCT.cfm>. Acesso em: 17 nov. 2010.

PGA (People's Global Action) Hallmarks. Disponível em: <http://www.nadir.org/nadir/initiativ/agp/free/pga/hallm.htm>. Acesso em: 17 nov. 2010.

PHILIP, D. **The knowledge building paradigm**: A model of learning for net generation students. Disponível em: <http://www.innovateonline.info/index.php?view=article&id=368>. Acesso em: 17 nov. 2010.

PHIPPS, J. **E-Journaling**: Achieve interactive education online. Disponível em: <http://www.educause.edu/EDUCAUSE+Quarterly/EDUCAUSEQuarterlyMagazineVolum/EJournalingAchievingInteractiv/157335>. Acesso em: 17 nov. 2010.

PIERROUX, P.; RASMUSSEN, I.; LUND, A.; SMORDAL, O.; STAHL, G.; LARUSSON, J. A.; ALTERMAN, R. **Supporting and tracking collective cognition in wikis**. Disponível em: <http://www.intermedia.uio.no/download/attachments/16646303/Wiki-Symposium-ICLS2008.pdf?version=1>. Acesso em: 17 nov. 2010.

PITRAT, J. **Artificial Beings**: The conscience of a conscious machine. London: Willey, 2009.

PLANT, S. **Mulher digital**: o feminino e as novas tecnologias. Rio de Janeiro: Rosa dos Tempos, 1999.

POCHMANN, M. (Org.). **Desenvolvimento, trabalho e solidariedade**: novos caminhos para a inclusão social. São Paulo: Cortez, 2002.

_____. (Org.). **Outra cidade é possível**: alternativas de inclusão social em São Paulo. São Paulo: Cortez, 2004.

POE, M. **The Hive**. Disponível em: <http://www.theatlantic.com/doc/200609/wikipedia/>. Acesso em: 17 nov. 2010.

POERKSEN, B. **The Certainty of Uncertainty**: Dialogues introducing constructivism. London: Imprint Academic, 2004.

POLANYI, K. **A grande transformação**: as origens da nossa época. Campus, Rio de Janeiro: 2000.

PORTOCARRERO, V. (Org.). **Filosofia, história e sociologia das ciências**: abordagens contemporâneas. Rio de Janeiro: Fiocruz, 1994.

POSTER, M. **CyberDemocracy**: The internet and the public sphere. Disponível em: <http://ct.kaist.ac.kr/ko/curriculum/download.php?file_name=28.pdf>. Acesso em: 17 nov. 2010.

POSTMAN, N. **Building a Bridge to the 18th century**: How the past can improve our future. New York: Vintage, 2000.

PRIGOGINE, I. **O fim das certezas**: tempo, caos e as leis da natureza. São Paulo: Ed. Unesp, 1996.

PRIGOGINE, I.; STENGERS, I. **A nova aliança**. Brasília: Ed. da UnB, 1997.

RAINES, C. **Generations at work, managing millennials**. Disponível em: <http://www.gees.ac.uk/pubs/planet/p14/mpfr.pdf>. Acesso em: 17 nov. 2010.

RAYMOND, E. **The Cathedral and the Bazaar**: Musings on open source and Linux by an Accidental Revolutionary. Sebastopol, Rússia: O'Reilly, 1999.

REID, E. S. **Hierarchy and Power**: Social control in cyberspace. Disponível em: <http://books.google.com.br/books?hl=pt-BR&lr=&id=NxAuOTt9cvIC&oi=fnd&pg=PA107&dq=%22Reid%22+%22Hierarchy+and+power:+Social+control+in+cyberspace%22+&ots=8hDZgmzXJS&sig=_M4W3CAIRumlyFh-Z4g21NSBt0k>. Acesso em: 17 nov. 2010.

RESCHER, N. **Forbidden Knowledge**: And other essays of the philosophy of cognition. Dordrecht: D. Reidl Publisher Co., 1987. 13. v.

RHEINGOLD, H. **Smart Mobs**: The next social revolution. New York: Basic Books, 2002.

ROSSITER, N. Organized networks and non-representative democracy. In: DEAN, J.; ANDERSON, J. W.; LOVINK, G. **Reformatting Politics**: Information technology and global civil society. London: Routledge, 2006. p. 19-34.

ROSSO, S. D. **Mais trabalho!** A intensificação do labor na sociedade contemporânea. São Paulo: Boitempo, 2008.

ROSSO, S. D.; FORTES, J. A. A. S. **Condições de trabalho no limiar do século XXI**. Brasília: Finatec, 2007.

ROTH, C. **Viable Wikis**: Struggle for life in the wikisphere. Disponível em: <http://www.patres-project.eu/images/4/47/ViableWikis.pdf>. Acesso em: 17 nov. 2010.

RUSHKOFF, D. **Open Source Democracy**: How online communications is changing offline politics. Disponível em: <http://rushkoff.com/wp-content/downloads/opensourcedemocracy.pdf>. Acesso em: 17 nov. 2010.

SADE, G. **Weblogs as open constructive learning environments**. Disponível em: <http://incsub.org/blogtalk/images/bog_talk_gsade_v71.doc>. Acesso em: 17 nov. 2010.

SALOMON, D. V. **A maravilhosa incerteza**: pensar, pesquisar e criar. São Paulo: M. Fontes, 2000.

SALTZER, J. G.; REED, D. P.; CLARK, D. D. **End-to-end arguments in system design**. Disponível em: <http://web.mit.edu/Saltzer/www/publications/endtoend/endtoend.pdf>. Acesso em: 17 nov. 2010.

SANTOS, B. S. (Org.). **As vozes do mundo**. Rio de Janeiro: Civilização Brasileira, 2009.

_____. **Conhecimento prudente para uma vida decente**: "um discurso sobre as ciências" revisitado. São Paulo: Cortez, 2004.

_____. (Org.). **Democratizar a democracia**: os caminhos da democracia participativa. Rio de Janeiro: Civilização Brasileira, 2002a. 1. v.

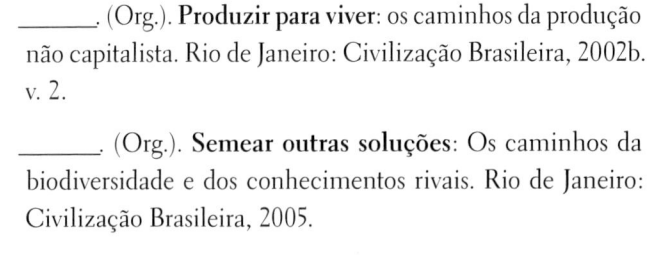

_____. (Org.). **Produzir para viver**: os caminhos da produção não capitalista. Rio de Janeiro: Civilização Brasileira, 2002b. v. 2.

_____. (Org.). **Semear outras soluções**: Os caminhos da biodiversidade e dos conhecimentos rivais. Rio de Janeiro: Civilização Brasileira, 2005.

_____. **Toward a New Common Sense**: Law, science and politics in the paradigmatic transition. New York: Routledge, 1995.

SANTOS, B. S.; MENESES, M. P. (Org.). **Epistemologia do Sul**. Portugal: Almeida, 2009.

SANTOS, B. S.; RODRÍGUEZ, C. Introdução: Para ampliar o cânone da produção. In: SANTOS, B. S. (Org.). **Produzir para viver**: Os caminhos da produção não capitalista. Rio de Janeiro: Civilização Brasileira, 2002. 2. v.

SANTOS, L. G. **Politizar as novas tecnologias**: o impacto sociotécnico da informação digital e genética. São Paulo: Editora 34, 2003.

SASSEN, S. Forword. In: DEAN, J.; ANDERSON, J. W.; LOVINK, G. **Reformatting Politics**: Information technology and global civil society. London: Routledge, 2006

SATINOVER, J. **The Quantum Brain**: The search for freedom and the next generation of man. New York: John Wiley & Sons, Inc., 2001.

SAVIANI, D. **Escola e democracia**. Edição comemorativa. Campinas: Autores Associados, 2008.

_____. **Pedagogia histórico-crítica**. Campinas: Autores Associados, 2005.

SCARDAMALIA, M.; BEREITER, C. **Knowledge Building**: Theory, pedagogy, and technology. Wikipedia. Disponível em: <http://en.wikipedia.org/wiki/Knowledge_building>. Acesso em: 17 nov. 2010.

SCHAFER, M. T.; KRANZLMULLER, P. **RTFM!** Teach-yourself Culture in Open Source Software projects. Disponível em: <http://www.scribd.com/doc/2409079/RTFM-TeachYourself-Culture-in-Open-Source-Software-Projects>. Acesso em: 17 nov. 2010.

SCHAFFERT, S. **Learning with semantic wikis**: Proceedings of the first workshop on semantic wikis – from wiki to semantics. Disponível em: <http://www.salzburgresearch.at/research/publications_detail_e.php?pub_id=246>. Acesso em: 17 nov. 2010.

SCHILLER, D. **Digital capitalism** – Networking the global market system. Massachusetts: The MIT Press, 2000.

SCHNEIDER, J. **Chalkbored** – Whats wrong with school & how to fix it. Gardena: Peace of Mind, 2007.

SECOND LIFE EDUCATION WIKI. Disponível em: <http://www.simteach.com/wiki/index.php?title=Second_Life_Education_Wiki>. Acesso em: 17 nov. 2010.

SETZER, V. W. **Deixe as crianças serem infantis**: não lhes permita o acesso a TV, jogos eletrônicos e computadores/

Internet! Disponível em: <http://www.ime.usp.br/~vwsetzer/>. Acesso em: 17 nov. 2010.

SHATTUCK, R. **Forbidden Knowledge** – From Prometheus to pornography. New York: St. Martin's Press, 1996.

SHIRKY, C. **Power Laws, Weblogs, and Inequality**. Disponível em: <http://www.shirky.com/writings/powerlaw_weblog.html>. Acesso em: 17 nov. 2010.

SHIRKY, C. Power laws, weblogs, and inequality. In: DEAN, J., ANDERSON, J. W., LOVINK, G. **Reformatting politics** – Information technology and global civil society. London: Routledge, 2006.

SIEGEL, L. **Against the Machine**: How the web is reshaping culture and commerce – and why it matters. New York: Spiegel & Grau, 2008.

SILVER, C.; WILLIAMS, C.; MCORMOND, T. **Learing on your own**. Disponível em: <http://www.statcan.gc.ca/pub/11-008-x/2000004/article/5560-eng.pdf>. Acesso em: 17 nov. 2010.

SILVERMAN, D. **Interpretação de dados qualitativos**: métodos para análise de entrevistas, textos e interações. Porto Alegre: Artmed, 2009.

SINGER, P.; SOUZA, A. R. **A economia solidária no Brasil**: Autogestão como resposta ao desemprego. São Paulo: Contexto, 2001.

SLATER, P. **Origem e significado da Escola de Frankfurt**: uma perspectiva marxista. Rio de Janeiro: Zahar, 1978.

SOCRATIC METHOD & SCIENTIFIC METHOD. Disponível em: <http://www.niu.edu/~jdye/method.html>. Acesso em: 17 nov. 2010.

SONG, F. W. **Virtual Communities**: Bowling alone, online together. New York: Peter Lang, 2009.

SOUZA, P. R. **A revolução gerenciada**: educação no Brasil 1995-2002. São Paulo: Pearson/Prentice Hall, 2004.

SPARIOSU, M. I. **Global Intelligence and Human Development**: Toward an ecology of global learning. Massachusetts: The MIT Press, 2005.

SPARIOSU, M. I. **Remapping Knowledge**: Intercultural studies for a global age. New York: Bergham Books, 2006.

STALDER, F. **One-size-doesn't-fit-all**. Particulars of the Volunteer Open Source Development Methodology. Disponível em: <http://felix.openflows.com/html/one-size.html>. Acesso em: 17 nov. 2010.

STALDER, F.; HIRSH, J. **Open Source Intelligence**. Disponível em: <http://felix.openflows.com/html/osi.html>. Acesso em: 17 nov. 2010.

STALLMAN, R. **Why "free software" is better than "open source"**. Disponível em: <http://www.gnu.org/philosophy/free-software-for-freedom.html>. Acesso em: 17 nov. 2010.

STEHR, N. **A world made of knowledge**. Disponível em: <http://www.crsi.mq.edu.au/documents/worldknowledge.pdf>. Acesso em: 17 nov. 2010.

STEINKUEHLER, **Learning in Massively Multiplayer Online Games**. Disponível em: <http://website.education.wisc.edu/steinkuehler/papers/SteinkuehlerICLS2004.pdf>. Acesso em: 17 nov. 2010.

STERELNY, K. **Dawkins Vs. Gould**: Survival of the fittest. London: Icon Books, 2001.

STEVENS, V. **Revisiting Multiliteracies in collaborative learning environments**: Impact on teacher professional development. Disponível em: <http://www-writing.berkeley.edu/TESL-EJ/ej38/int.html>. Acesso em: 17 nov. 2010.

STIGLITZ, J. E. **A globalização e seus malefícios**. São Paulo: Futura, 2002.

STVILIA, B.; TWIDALE, M.; GASSER, L.; SMITHY, L. **Information Quality Discussion in Wikipedia**. Disponível em: <http://mailer.fsu.edu/~bstvilia/papers/qualWiki.pdf>. Acesso em: 17 nov. 2010.

SURMAN, M.; REILLY, K. **Appropriating the internet for social change**: Towards the strategic use of networked technologies by transitional civil society organizations. Disponível em: <http://mediaresearchhub.ssrc.org/appropriating-the-internet-for-social-change-towards-the-strategic-use-of-networked-technologies-by-transnational-civil-society-organizations/attachment>. Acesso em: 17 nov. 2010.

SUROWIECKI, J. **The Wisdom of Crowds**: Why the many are smarter than the few and how collective wisdom shapes business, economics, societies and nations. New York: Doubleday, 2004.

SUTTER, M. Pelas Veredas da memória: Revisitando ludicamente velhas palavras. In: Yunes, E. 2002. **Pensar a Palavra**: Complexidade. Loyola: São Paulo, 2002.

TAPSCOTT, D. **Growing Up Digital**: How the net generation is changing your world. New York: McGraw Hill, 2009.

TAPSCOTT, D.; WILLIAMS, A. D. **Wikinomics**: How mass collaboration changes everything. London: Penguin, 2007.

TEACHERS 2.0. **Tired of preparing kids for the industrial age**. Disponível em: <http://teachers20.com/>. Acesso em: 17 nov. 2010.

THERBORN, G. **La Escuela de Frankfurt**. Barcelona: Editorial Anagrana, 1972.

TODD, E. **A ilusão econômica** – ensaio sobre a estagnação das sociedades desenvolvidas. São Paulo: Bertrand Brasil, 1998.

TSUI, L. **Big Mama is watching you**: Internet control and the Chinese government. Disponível em: <http://www.lokman.nu/thesis/010717-thesis.pdf>. Acesso em: 17 nov. 2010.

TWO MAJOR PRINCIPLES. Disponível em: <http://projects.coe.uga.edu/epltt/index.php?title=Piaget%27s_Constructivism>. Acesso em: 17 nov. 2010.

ULANOWICZ, R. E. **A Third Window**: Natural life beyond Newton and Darwin. Conshohocken: Templeton Foundation Press, 2009.

VARELA, F. J.; THOMPSON, E.; ROSCH, E. **The Embodied Mind**: Cognitive science and human experience. Cambridge: The MIT Press, 1997.

VARNELIS, K. (Org.). **Networked Publics**. Cambridge: MIT Press, 2008.

VASCONCELOS, E. M. **O poder que brota da dor e da opressão**: empowerment, sua história, teorias e estratégias. São Paulo: Paulus, 2003.

VAUGHAN, N. D. **The Use of Wikis and Weblogs to support deep approaches to learning**. Disponível em: <http://journals.ucfv.ca/rr/RR13/article-PDFs/6-vaughan.pdf>. Acesso em: 17 nov. 2010.

VEALE, K. J. **Internet gift economies**: Voluntary payment schemes as tangible reciprocity. Disponível em: <http://outreach.lib.uic.edu/www/issues/issue8_12/veale/index.html>. Acesso em: 17 nov. 2010.

VEEN, W. **Homo Zappiens and the Need for New Education Systems**. Disponível em: <http://www.oecd.org/dataoecd/0/5/38360892.pdf>. Acesso em: 17 nov. 2010.

VEEN, W. **Teaching the media generation**: Coping with homo zappiens. Disponível em: <http://bunet.karlsborg.se/sikt/veen_gothenborg.ppt#258,1,>. Acesso em: 17 nov. 2010.

VEEN, W.; VRAKKING, B. **Homo Zappiens**: Growing up in a digital age. London: Net Work Continuum Education, 2006.

VIEGAS, F. B.; WATTENBERG, M.; MCKEON, M. **The hidden Order of Wikipedia**. Disponível em: <http://www.

research.ibm.com/visual/papers/hidden_order_wikipedia.pdf>. Acesso em: 17 nov. 2010.

VILLANO, M. **Wikis, blogs & more**: Oh My! Disponível em: <http://www.campustechnology.com/Articles/2008/04/Wikis-Blogs-More-Oh-My.aspx>. Acesso em: 17 nov. 2010.

VIRTUAL LIBRARY. **Children's Issues**: Abuse, Missing, Bullying. Disponível em: <http://www.vaonline.org/doc_child.html>. Acesso em: 17 nov. 2010.

VON HIPPEL, E. **The dominant role of users in the scientific instrument innovation process**. Disponível em: <http://ideas.repec.org/a/eee/respol/v5y1976i3p212-239.html>. Acesso em: 17 nov. 2010.

VON HIPPEL, E.; JIN, C. **The major shift towards user-centered innovation**: Implications for China's innovation policymaking. Disponível em: <http://web.mit.edu/evhippel/www/papers/PDF%20For%20section%206.pdf>. Acesso em: 17 nov. 2010.

VON HIPPEL, E.; VON KROGH, G. **Open Source Software and the "Private-Collective" Innovation Model**: Issues for Organization Science. Disponível em: <http://web.mit.edu/evhippel/www/papers/Private-Collective%20Model%20OS.pdf>. Acesso em: 17 nov. 2010.

WAGNER, K. **Background and Key Concepts of Piaget's Theory**. Disponível em: <http://psychology.about.com/od/piagetstheory/a/keyconcepts.htm>. Acesso em: 17 nov. 2010.

WALES, J. **The Wisdom of Crowds**. Disponível em: <http://www.guardian.co.uk/commentisfree/2008/jun/22/wikipedia.internet >. Acesso em: 17 nov. 2010.

WARLICK, D. F. **Classroom Blogging**: A teacher's guide to blogs, wikis, & other tools that are shaping a new information landscape. Raleigh: The Landmark Project, 2007.

_____. **Redefining literacy for the 21st century**. Worthington: Linworth, 2004.

WARK, M. **A hacker manifesto**. Disponível em: <http://subsol.c3.hu/subsol_2/contributors0/warktext.html>. Acesso em: 17 nov. 2010.

WEBER, M. **Economy and Society**. Berkeley: University of California Press, 1978.

WESH, M. **The Machine is Us/ing Us YouTube**. Disponível em: <http://www.thethinkingstick.com/web-20the-machine-is-using-us>. Acesso em: 17 nov. 2010.

WEINBERGER, D. **Everything Is Miscellaneous**: The power of the new digital disorder. New York: Times Book, 2007.

WIKIPEDIA. Disponível em: <http://www.wikipedia.org>. Acesso em: 17 nov. 2010a.

WIKIPEDIA. **Criticism of Wikipedia**. Disponível em: <http://en.wikipedia.org/wiki/Criticism_of_Wikipedia>. Acesso em: 17 nov. 2010b.

_____. **End-to-end principle**. Disponível em: <http://en.wikipedia.org/wiki/End-to-end_principle>. Acesso em: 17 nov. 2010c.

_____. **Maieutics**. Disponível em: <http://en.wikipedia.org/wiki/Maieutics>. Acesso em: 17 nov. 2010d.

_____. **Sócrates**. Disponível em: <http://pt.wikipedia.org/wiki/S%C3%B3crates>. Acesso em: 17 nov. 2010e.

_____. **Socratic method**. Disponível em <http://en.wikipedia.org/wiki/Socratic_method>. Acesso em: 17 nov. 2010g.

WIKIPEDIA. **Wikipedia, a Enciclopédia livre**. Disponível em: <http://pt.wikipedia.org/wiki/P%C3%A1gina_principal>. Acesso em: 17 nov. 2010f.

WILLINSKY, J. **What open access research can do for Wikipedia**. Disponível em: <http://www.firstmonday.org/issues/issue12_3/willinsky/index.html>. Acesso em: 17 nov. 2010.

WINOGRAD, M.; HAIS, M. D. Millennial Makeover: MySpace, YouTube & the Future of American Politics. Rutgers University Press: London, 2008.

WOLFRAM, W. A New Kind of Science. Wolfram Media: Champaign, Illinois, 2002.

WONG, J. I. **In blogs we trust**. Disponível em: <http://www.asiamedia.ucla.edu/article.asp?parentid=34176>. Acesso em: 17 nov. 2010.

WRIGHT, R. **Non Zero** – The logic of human destiny. New York: Pantheon Books, 2000.

ZITTRAIN, J. **The Future of the Internet** – And how to stop it. New Haven: Yale University Press, 2008.

sobre o autor

Pedro Demo é natural de Santa Catarina (Pedras Grandes), filho de agricultores e depois de cursar a escola primária, entrou no Seminário dos Franciscanos em Rodeio (SC), de onde se transferiu para Rio Negro (PR) e, posteriormente, para Agudos (SP), onde concluiu o ensino médio. Cursou Filosofia na Faculdade dos Franciscanos, em Curitiba (PR), e Teologia, em Petrópolis (RJ), além de ter realizado estudos de música.

É PhD em Sociologia pela Universidade de Saarbücken, Alemanha (1967-1971), e pós-doutor pela Universität Erlangen-Nürnberg, Alemanha (1983), e pela University of California at Los Angeles – Ucla (1999-2000), Estados Unidos.

Atualmente, é professor titular da Universidade de Brasília (UnB) nos cursos de mestrado e doutorado do Departamento de Sociologia. Atua sistematicamente nas áreas de política social e metodologia científica, tendo inúmeras obras publicadas – mais de 60 títulos – das quais boa parte é dedicada à análise e à discussão de temas educacionais.

Os papéis utilizados neste livro, certificados por instituições ambientais competentes, são recicláveis, provenientes de fontes renováveis e, portanto, um meio responsável e natural de informação e conhecimento.

FSC
www.fsc.org
MISTO
Papel produzido a partir de fontes responsáveis
FSC® C074432

Impressão: Maxigráfica
Dezembro / 2016